Die Grenze um Westberlin 1945-1990

Dr. Klaus Emmerich

Die Grenze um Westberlin 1945-1990

Eine staatsrechtliche Studie

Bibliografische Information der Deutschen Nationalbibliothek
Die Deutsche Nationalbibliothek verzeichnet diese Publikation
in der Deutschen Nationalbibliografie; detaillierte bibliografische
Daten sind im Internet über http://dnb.d-nb.de abrufbar.

© 2013 Dr. Klaus Emmerich
Umschlagdesign, Herstellung und Verlag:
BoD - Books on Demand
ISBN 978-3-7322-0770-1

Dr. Klaus Emmerich
Die Grenze um Westberlin 1945 - 1990. Eine staatsrechtliche Studie.

Inhalt Seite

1 Die Problemstellung 3

1.1 Ein notwendiger Exkurs 14
1.2 Sowjetische Militäradministration in Deutschland (SMAD) 22

2 Die Grenze um Westberlin und ihr staatsrechtlicher Charakter 24

3 Zur Strategie der deutschen Staaten in ihrer Westberlin-Politik 30

4 Die Grenze in und um Berlin 38
4.1 Es gab keine Westberliner Staatsbürger bzw. Staatsangehörige 41
4.2 Wer hatte die Lufthoheit über Westberlin? 42
4.3 Die Sektorengrenze in Berlin 45
4.4 Die Grenze zwischen der Hauptstadt bzw. Westberlin und den
     Bezirken Potsdam und Frankfurt/Oder 47

5 Der Status Berlins nach alliierten Vereinbarungen bis 1971 56

6 Berlin war „Hauptstadt im Zonendeutschland". 60

7 Das Vierseitige Abkommen vom 3. September 1971. 67

8 Der Gebietsaustausch DDR/Senat von Westberlin 77

9 Bundeshauptstadt Berlin 85

10 Resümee 86

Quellennachweis und Zusatzliteratur 90

Abkürzungsverzeichnis 105

Bildnachweis 106

1 Die Problemstellung

Mit der Studie will ich versuchen, einige Grundfragen der Grenze um Westberlin aus „östlicher" Sicht aufzuwerfen und zu beantworten.

Obwohl schon über zwei Jahrzehnte vergangen sind, hört es nicht auf, dass in Geschichtsbüchern und sogenannten Gedenkstätten der DDR-Diktatur viele Märchen und Fabeln entweder aufgewärmt oder neu erfunden werden, die den geschichtsträchtigen Mythos der Staatsgrenze zwischen beiden deutschen Staaten und der Grenze um Westberlin umranken.

Eine Analyse oder gar objektive, wahrheitsgemäße Betrachtung der geschichtlichen Ereignisse und der unterschiedlichen Rechtsstandpunkte unterbleibt weitgehend.

Auch die Grenze um Westberlin wird häufig als „Bollwerk des kommunistischen Regimes" beschrieben und betrachtet.[1]

Aber es gibt auch Ausnahmen, die wenigstens versuchen, sachlich zu bleiben. Rott widmet dem ersten Toten nach dem 13. August 1961 eine ganze Seite, in der er den „hilflosen Tod Peter Fechters am hellichten Tag" im Zusammenhang mit der „schwersten Vertrauenskrise zwischen West-Berlin und den USA" darstellt.[2]

Rott vergisst aber andererseits nicht, den Beifallssturm zum Gefangenenchor aus Beethovens „Fidelio" in der hauptstädtischen Staatsoper so dazustellen, als hätten wir uns als *DDR-Gefangene* gefühlt. Dass Text und Musik von einem Ensemble dargeboten wurden, das sich durch höchste Musikkultur auszeichnete, wird einfach weggelassen.

Die Sicherungsmaßnahmen des 13. August 1961 werden ahistorisch außerhalb von Zeit und Raum und Verantwortlichkeiten einseitig als unmenschlich beschrieben. Jede andere Betrachtungsweise wird als „Verhöhnung der Opfer" gebrandmarkt.

Diese Sichtweise führt zwangsläufig ausschließlich zu Begriffen wie „Mauer, Stacheldraht und Schießbefehl" des territorialen Grenzregimes, das einzig von den zuständigen Organen auf der Grundlage von Rechtsvorschriften der DDR gestaltet wurde.

Für „Mauer" setze ich den Begriff „vorderes Sperrelement", für einen nichtexistierenden „Schießbefehl" den Begriff „Schusswaffenanwendung", für den aus der alten BRD importierten Stacheldraht erklärt ein deutsches Wörterbuch: ein Drahtgebilde, dessen einzelne Stränge in bestimmten Abständen wie Stacheln

---

[1] **Anmerkung zu den Quellen und Literaturangaben:** Weitestgehend wurde vermieden jene Quellen zu zitieren, die keine neuen Erkenntnisse beinhalten und den „östlichen" Rechtsstandpunkt wie üblich ignorieren. Offizielle Dokumente von BRD- und Westberliner Seite fanden aber Berücksichtigung.

[2] Rott Seite 182.

aufgebogen sind.

Da das Grenzregime nicht nur aus dem territorialen Teil einschließlich der Grenzübergangsstellen besteht, sondern auch das gesamte Antrags-, Genehmigungs- und Überprüfungsverfahren, Pass- und Meldewesen im Innern der DDR beinhaltete, verzichte ich auf eine detaillierte Beschreibung und Darstellung. Das ist deshalb auch nicht erforderlich, weil *viele Insider* vor allem nach dem Anschluss der DDR, juristisch als Beitritt zum Grundgesetz Artikel 23 (alt) an das Provisorium der alten BRD umschrieben, sich diesem Thema gewidmet haben und die Rechtslage in der DDR eindeutig war.[3]

Die Kleinigkeit, aber das Entscheidende, die dem *Verlauf jeder Grenze* zugrunde liegende Rechtslage, die Topographie im bebauten oder unbebauten Gelände, seine genauestens vermessenen Grenzzeichen, die in der Grenzdokumentation aufgeführt sind, das *gegenüber befindliche Gebiet*, bleiben weitgehend unbeachtet.

Das liegt wohl auch darin begründet, dass diese Tatsachen weniger öffentlichkeitswirksam vermarktet werden können. Ausnahmen bildet z.B. der Streit zwischen DDR/BRD über den Verlauf der Elbegrenze (Mitte Strom oder Mitte Talweg) und in neuester Zeit der Streit zwischen der Volksrepublik China/Japan/Südkorea über Besitz/Eigentum einiger kleiner Inseln oder der vermutlich versehentliche Beschuss des Hoheitsgebietes der Türkei durch Syrien.

Nach außen sichtbar und in Öffentlichkeit erkennbar bleibt das territoriale Grenzregime um Westberlin. Es betrifft besonders das *Vordere Sperrelement*. Gleichwohl ist aber zu beachten, dass neben dem territorialen Grenzregime noch anderes dazugehört: *„Unter einem Grenzregime versteht man die Gesamtheit notwendiger staatsrechtlicher Normen eines Staates zur Gewährleistung der territorialen Integrität und der Unverletzlichkeit seiner Grenzen sowie zur Regelung der Sicherheit und Ordnung in den grenznahen Räumen, der rechtmäßigen Grenzpassage und grenzüberschreitenden Kommunikation in Grenzangelegenheiten sowie das Tätigwerden der in diesen Regelungen herangezogenen staatlichen Organe und gesellschaftlichen Kräfte. Das galt auch für das Grenzregime der DDR bei besonderer Akzentuierung des militärischen Schutzes. "[4]*

---

[3] Vgl. u.a. im Quellenverzeichnis: Baumgarten/Freitag (DDR-Grenzen 2004); Behrendt (Passkontrolle2008);Bischoff/Freitag/Paulsen(Grenzregime der DDR 2004); Briefwechsel Sorin/Bolz 1975); Buchholz Krenz-Urteile 2002, Siegerjustiz 2003); Deim (Schutz der Staatsgrenze 2004); Ehrhardt/Woythe/Mangold (Grundfragen 1975); Emmerich (Westberlin war Eigentum der DDR 2010);Fricke(Schußwaffengebrauchs-Bestimmungen 1993); Grenzgesetz 1982; Grenzregime der DDR; Hanisch (Grenzschutzorgane 2004); Hartmann, Ralph (Lügen über die DDR 2007); König/Biedermann (Frontstadt 2010); Niebling (Verlassen der DDR 2002);Paulsen (Westreisen 2011); Reibert der (Schußwaffengebrauch 2007); Siegerjustiz? (2003);Thoß (Grenzregime 2004).
4 Bischoff,/Freitag//Paulsen Grundlagen des Grenzregimes. In: Baumgarten/Freitag, DDR-Grenzen 2004 Seite 73.

In Ergänzung dieser Definition werden die Gegenstände des Grenzregimes der DDR dargestellt.[5] Die Autoren nehmen zwar eine verbale Trennung zwischen der

---

[5] Ebenda.

Staatsgrenze DDR/BRD und der Grenze „zu Westberlin" vor, vermeiden es aber in ihrem 31seitigen Beitrag weitgehend, auf die fundamentalen Unterschiede zwischen beiden Grenzen einzugehen. Man kann diese Unterschiede nur zwischen den Zeilen herauslesen.

Die Leserinnen und Leser werden vom Verfasser in ihrem Denken erheblich voneinander abweichen, vor allem deshalb, weil die im Folgenden gebrauchten Bezeichnungen und Begriffe sich sehr von denen in der Öffentlichkeit üblichen unterscheiden. Die Meinungen und Bemühungen in Ost und West sind im politischen und rechtlichen Bewusstsein auf Grund Jahrzehnte während Beeinflussung fest verwurzelt.

Als einen weiteren Problemkreis sehe ich als Fakt an, dass sich die Grenze um Westberlin wesentlich von der Staatsgrenze zwischen der DDR und der BRD unterscheidet. Das soll erarbeitet werden.

Weil häufig von der Staatsgrenze DDR/BRD als „innerdeutsch" gesprochen und geschrieben wird, möchte ich diesen Begriff auf die Grenze um Westberlin übernehmen und diese als *Innere Grenze der DDR*, sowohl den Verlauf wie auch logischerweise das Grenzregime betreffend, bezeichnen.

Während an der Staatsgrenze DDR/BRD völkerrechtliche Kriterien galten, weil sich zwei Staaten gegenüber lagen, traf das auf die Grenze um Westberlin nicht zu. Das bezieht sich auch auf die bei der Betrachtung der Staatsgrenze DDR/BRD unabdingbare Trennung zwischen dem Verlauf dieser Grenze und dem Grenzregime in seiner Gesamtheit.

Dem Grenzverlauf um Westberlin lagen die in den 20er Jahren bestimmten Grenzen im Deutschen Reiches und den darauf beruhenden Sektorengrenzen der vier Besatzungsmächte (insbesondere dem „Londoner Protokoll" vom September 1944) zu Grunde.

Sowohl der Verlauf als auch die Sicherung dieser inneren Grenze der DDR wurde durch sie allein bestimmt, waren eine innere Angelegenheit dieses Staates.

Wenn Egon Bahr bemerkt: *„Als die Mauer noch stand, war die Verantwortung klar. Damals hätte niemand das groteske Märchen verbreiten können, daß Ulbricht verantwortlich für die Mauer sei. Damals wurde das Zonenregime Satellit genannt* *und ein Satellit ist nicht souverän"*,[6] dann ist hier zweifellos der Rechtsstandpunkt der westlichen Seite in bestimmten Perioden des Kalten Krieges umschrieben, dem ich mich nur mit Vorbehalt anschließen kann.

Tatsächlich wurden die Sicherungsmaßnahmen, beginnend mit dem 13. August 1961,[7] auf Beschluss der Warschauer Vertragsstaaten realisiert. *„ ... Alle wichtigen Entscheidungen, die mit Problemen der Verteidigung der DDR einschließlich der Grenzsicherung im Zusammenhang standen, wurden unter Berücksichtigung der Interessen der Teilnehmerstaaten des Warschauer Vertrages getroffen... Diese Grenze und die Grenzsicherungsmaßnahmen hatten in der Periode des Kalten Krieges eine große Bedeutung für die Aufrechterhaltung des Friedens in Europa. Deshalb wurde von sowjetischer Seite immer aktiver und wirksamer Einfluß auf alle Grenzsicherungsmaßnahmen der DDR genommen, den pioniermäßigen Ausbau der Staatsgrenze eingeschlossen. Ausgehend davon wurden die Fragen des Grenzregimes sowohl durch Vereinbarungen zwischen der DDR und der UdSSR als auch im Rahmen des Warschauer Vertrages geregelt. Die DDR als unser wichtigster Verbündeter im Warschauer Vertrag hat sich immer und mit großer Disziplin im Interesse unseres Bündnisses den ,Empfehlungen' und ,Bitten' die faktisch Weisungen darstellten, untergeordnet. "*[8]

Die hochrangigen sowjetischen Militärs stellen an anderer Stelle fest, dass die DDR auf *„allen Gebieten souverän"* war, aber nach ihrer *„Einschätzung nicht auf militärpolitischem und militärischem Gebiet. "*

„Dafür gab es zwei Gründe:
(1) die exponierte militärgeographische Lage der DDR in Europa als Vorposten des Warschauer Vertrages und die dortige Präsenz einer 500.000 Mann starken, in ihrer Kampfkraft unvergleichlichen Elitegruppierung der sowjetischen Truppen, ausgerüstet mit modernster Bewaffnung und Ausrüstung einschließlich von Kernwaffen auf dem Territorium der DDR. Dadurch bedingt verlief der vordere Rand der ersten strategischen Verteidigungslinie der Vereinten Streitkräfte des Warschauer-Vertrages entlang der Staatsgrenze der DDR und der BRD.
Deshalb hatte die sowjetische Seite auch das militärische Sagen auf dem Territorium der DDR.
(2) die feste Eingliederung der DDR und ihrer bewaffneten Organe in die

---

[6] Ebender Der Anfang vom Ende. In: ND vom 11.8.2001, Beilage, Vor 40 Jahren - Der Bau der Berliner Mauer, Seite 1.
[7] Im Folgenden wider dem Zeitgeist nicht „Mauer", sondern „vorderes Sperrelement".
[8] Kulikow/Gribkow Schreiben vom 07. Juni 1996 an das Landgericht Berlin. In: Baumgarten/Freitag (Herausgeber) Die Grenzen der DDR. Berlin 2004 Seite 9.

Militärorganisation des Waschauer Vertrages...Diese beiden Faktoren und andere zum Teil noch aus der Besatzungszeit rührende Fragen waren die Ursachen dafür, daß die DDR auf militärpolitischem Gebiet nicht souverän war... Die Führung der DDR konnte an der Grenze zur BRD und zu Westberlin eigenständig nichts unternehmen ..."[9]

Ob und inwieweit die DDR ein Satellit der Sowjetunion und nicht souverän (Bahr) oder nur auf militärischem und militärpolitischem Gebiet nicht souverän war, (Kulikow/Gribkow) soll hier nicht untersucht werden.

Ich vertrete die Meinung, dass es gerade ein Ausdruck der Souveränität ist, wenn ein Staat einen Teil seiner Souveränität in einem Militärbündnis auf völkervertraglicher Grundlage abgibt. Eine geteilte Souveränität gibt es genauso wenig wie eine halbe Schwangerschaft. „Die DDR war ein souveräner Staat, Mitglied der UNO und von 138 Staaten diplomatisch anerkannt. Sie war auf allen Gebieten souverän", aber nach Ansicht von Kulikow und Gribkow eben nicht an der Staatsgrenze DDR/BRD und um Westberlin.[10]

Diese Ansicht wird *nicht* gestützt vom „Vertrag über die Beziehungen zwischen der DDR und der UdSSR" vom 20. September 1955, insbesondere Artikel 1 und 4, indem der DDR zugestanden wurde, „frei in der Entscheidung über Fragen ihrer Innenpolitik und Außenpolitik" zu sein und „die zeitweilig auf dem Gebiet der DDR stationierten Truppen werden sich nicht in die inneren Angelegenheiten der DDR einmischen".[11]

Inwieweit Grenzfragen/Grenzregime nun militärischer (pioniertechnischer) oder Fragen der Innen-/Außenpolitik berühren, soll hier nicht vertieft werden. Auf die Problematik der militärischen Komponente der Grenze um Westberlin wird an anderer Stelle, weiter unten, eingegangen.

Im Folgenden soll herausgearbeitet werden, wodurch sich die Staatsgrenze zwischen den beiden deutschen Staaten von der Grenze um Westberlin unterschied. Deshalb wird dem Status von Berlin (Groß-Berlin, Gesamtberlin, Hauptstadt der DDR, Westberlin) besondere Aufmerksamkeit gewidmet.

An erster Stelle steht die Tatsache, dass das komplette Berlin, einschließlich Westberlin, sich inmitten und auf dem Hoheitsgebiet der DDR befand, ein Bestandteil ihres Hoheitsgebietes war.

---

[9] A. a. O. Seite 11 f.

[10] Vgl. ebenda.

[11] Völkerrecht Dokumente Teil 2, Seite 569 f.

Nach der Befreiung der Reichshauptstadt Berlin im April/Mai 1945 durch die Rote Armee der Sowjetunion (1. Belorussische Front und die 1. Ukrainische Front)[12] sowie der polnischen Truppen unter General Swierczewski[13] und während der Existenz zweier deutscher Staaten gab es wohl keinen Tag, an dem Berlin (sowohl Ost wie West) nicht Aufmerksamkeit erregt hätte.

Berlin, die Hauptstadt der DDR, *und* Westberlin standen noch mehr im Mittelpunkt nach den Sicherungsmaßnahmen des 13. August 1961.

Diese Aufmerksamkeit bezog sich zwar verstärkt auf „Mauer und Stacheldraht", Anwendung der Schusswaffe, die Spaltung einer Großstadt, Ein- und

Feier vor der Siegessäule

---

[12] Vgl. Marschall der Sowjetunion Iwan Stepanowitsch Konew Das Jahr fünfundvierzig, 4. Auflage Berlin 1969.

[13] A.a.O. Seite 131

Polnisches Denkmal im Berliner Friedrichshain

Ausreiseformalitäten mit dem entsprechenden Genehmigungsverfahren zwischen den beiden deutschen Staaten und Westberlin, die mit dem „Mauerbau" deutlicher wurde, ließ aber den *staatsrechtlichen Status Gesamtberlins* und vor allem *seiner Grenze zum Umland* weitgehend unbeachtet.

Im Weiteren wird auf die Darlegung und Problematik des Grenzregimes zu Westberlin, besonders seine militärische und sicherheitspolitische und auch logistische Bedeutung verzichtet. Generaloberst Streletz verwies in einem Gespräch mit dem Autoren darauf, dass es während des Strafverfahrens vor dem Landgericht Berlin[14] bewiesen wurde, dass wichtige Bestandteile der Sicherungsanlagen (Stacheldraht und Streckmetallelemente) in der alten BRD produziert und an die DDR geliefert wurden. In den Jahren nach Anschluss der DDR haben wir als „Ossis" erfahren, ist

---

[14] Der General wurde „als „Mitverantwortlicher des Grenzregimes an der Berliner Mauer in den sog. Mauerschützen- Prozessen des Totschlags und versuchten Totschlags schuldig befunden und zu einer Freiheitsstrafe von fünf Jahren und sechs Monaten verurteilt " In: http///de.wikipedia.org./wiki/Fitz Streletz abgerufen am 21.10.2012

uns deutlich anhand der Praxis geworden, dass das Kapital „wie ein scheues Reh ist" und immer dorthin fließt, wo es sich ungestört vermehren kann.

Damit will ich aber nicht ausdrücken, dass insbesondere die Sicherheits-maßnahmen seitens der DDR an den Grenzen als falsch bewertet werden oder wie so oft behauptet, die Menschenfeindlichkeit des „Unrechts-" Staates DDR, aus-drücken. Geschichte ist so, wie sie war.

1.1 Ein notwendiger Exkurs

Gleichfalls mit Keßler/Streletz[15] bin ich der Meinung: dass „ein Waffeneinsatz nicht auf militärische Ziele zu begrenzen (ist), ein wirksamer Schutz der Zivilbevölkerung bei intensiven Kampfhandlungen so gut wie ausgeschlossen (ist). Die Zerstörung beider deutscher Staaten (einschließlich Berlins K.E.) wäre total"[16] gewesen. Nun richteten Militärs aller Dienststellungen ihr Hauptaugenmerk „auf militärpolitische, auf militärstrategische Fragen zwischen den damals bestehenden Bündnissen, also zwischen Warschauer Vertrag und Nordatlantikpakt. Diese standen ... im Zentrum der Überlegungen in Moskau und in Washington. Alle anderen Aspekte, die seither in der politischen und propagandistischen Auseinandersetzung um den 13. August und die Grenzsicherungsmaßnahmen in den Vordergrund gedrängt und behandelt werden, die ‚menschliche Seite´ und die damit verbundenen Emotionen, spielten damals keine, allenfalls eine nachgeordnete Rolle. Westliche Militärs würden das *Kollateralschaden* nennen."[17] Um jedes Missverständnis auszuschließen, betonten die beiden Militärs, wurde jeder Todesfall an den Grenzen bedauert. "Kein einziger war gewollt."[18]

An jeder Grenze (ausgenommen ist die Seegrenze), befindet sich ein Gegenüber. Die Verhältnisse, die Beziehungen zum gegenüberliegenden Nachbarn kann eine Seite nicht allein bestimmen.

Wenn Keßler und Streletz bereits im Titel ihres Buches ausdrücken, dass es ohne die Sicherung der Grenzen Krieg gegeben hätte, dann setzt das natürlich voraus, dass jede Seite auch entsprechend darauf vorbereitet ist. Diese Feststellungen treffen selbstverständlich nicht nur auf die Grenze um Westberlin, sondern auch auf das Westberliner Gebiet zu. Gemäß Direktive 1/85 des Ministers für Nationale

---

[15] Keßler/Streletz Ohne die Mauer hätte es Krieg gegeben. Berlin 2011.
[16] Ebenda Seite 133.
[17] A.a.O. Seite 7 Hervorhebung K.E.
[18] Ebenda

Verteidigung der DDR, die am 01. Juli 1985 in Kraft trat, und gleichzeitig ähnlich lautende Grundsätze aus dem Jahre 1979 außer Kraft setzte, legte die Verantwortlichkeiten für die Grenztruppen im Kriege fest.[19] Unterstrichen muss aber Heinemanns Feststellung werden, dass die Pläne der Westalliierten zur Verteidigung Westberlins bisher nicht offengelegt wurden.[20] Diese Feststellung erfasst selbstverständlich u.a. auch die Einsatzpläne der Bundesregierung, Bundeswehr und des Senats von Westberlin, während alle Dokumente der DDR-Staats- und Militärführung (soweit nicht vernichtet) in Archiven der BRD einlagern. Der 30-Jahres-Zeitraum zur Veröffentlichung wird strikt eingehalten und entsprechend der Regeln eines Rechtsstaates bei Notwendigkeit verlängert.

Wenn Heineman noch im Jahre 2010 ohne Bedenken aus Westberlin eine „Enklave innerhalb der DDR" macht und die alte Phrase verwendet, dass eigentlich „ganz Berlin demilitarisiert sein" sollte, und sich darüber faktisch entrüstet, „dass Ost-Berlin zu einem integralen Bestandteil des ostdeutschen Staates – der DDR – erklärt (wurde) was es streng genommen nicht war"[21], dann zeigt sich, dass alte *westliche Klischees* fortexistieren. Erstaunlich bleibt, dass er Westberlin nicht zu einer *Exklave der BRD* hochstilisiert.

Die „wenigen erhaltenen ostdeutschen Militärakten"[22] und ein „gut recherchierter Roman"[23] tragen bei dem Leiter eines Forschungsbereiches des Militärgeschichtlichen Forschungsamtes dann dazu bei, dass die „NVA-Planung zur Einnahme von West-Berlin" in einem strategischen Schema dargestellt wird.[24] In diesem Schema wird noch das nördliche Umland Westberlins als „sowjetische Besatzungszone" bezeichnet. Heinemann benutzt offensichtlich ein Dokument, das am 30. November 1994 in der „Berliner Zeitung" erschien.
Lückenlos schließt sich Heinemann der unten zitierten Meinung von Mansfield und der Empörung von Strauß vom Anfang Juni 1961 an. Es scheint so, dass die „unterschiedlichen Rechtsstandpunkte" des Vierseitigen Abkommens und der Einigungsvertrag des Jahres 1990 nicht existieren würden.
Bei allen Differenzen ist aber Heinemann zuzustimmen, dass alle „völlig sinnlosen Planungsarbeiten", ich möchte hinzufügen-auch der westlichen Militärs-eben sinnlos blieben und alle DDR-Staatsbürger, die Einwohner Westberlins und die Staatsangehörigen der alten BRD froh darüber sein können, dass es zu damaliger

---

[19] Vgl. Direktive 1/85 Aufgaben der Grenztruppen im Krieg.
[20] Vgl. Heinemann a.a.O. Seite 66.
[21] A. a. O. Seite 61.
[22] A. a. O. Seite 62.
[23] A. a. O. Seite69.
[24] A. a. O. Seite 67. Zur Hilfe dienen ausgewählte Dokumente der NVA.

Zeit keinen Krieg um Westberlin gab.[25]

Wenn „alle Planungsdokumente (der NVA K.E.) davon ausgingen, dass eine militärische Eskalation im Raum Berlin *Folge eines NATO-Angriffs* in einer weit entfernten Gegend wäre, wie beispielsweise ein Angriff der Türkei auf Bulgarien"[26], dann stellt sich das ganze Szenario der Einnahme Westberlins durch die NVA als eine Seifenblase dar.

Die Grenztruppen der DDR (ihre besondere Gruppierung) brauchten das vordere Sperrelement nach Westberlin nicht überwinden, die nicht wenigen „sehr gut ausgebildeten Aktivisten der kommunistischen Partei ... „im West-Berliner Untergrund" brauchten die „Truppenbewegungen der Alliierten (nicht) zu behindern".[27]

Der Führer der Demokraten des US-Senats, Senator Mike Mansfield erklärte am 14. Juni 1961: *„Berlin sei der Hebel, der entweder Europa zu einer dauerhafteren Sicherheit bringen oder aber die Westmächte und die Sowjetunion in einen neuen Strudel von Irrationalismus stoßen könnte, in dessen Mittelpunkt das Grab der Menschheit liege".[28]* Der damalige US-Staatssekretär Dean Rusk erklärte am 22. Juni 1961, dass die in Westberlin befindlichen westlichen Streitkräfte rechtmäßig in dieser Stadt sind und dort auch bleiben, um die Freiheit der Westberliner Bevölkerung zu schützen.[29] *„Die Sowjets sprechen ständig von Frieden, aber bedrohen den offensichtlichen Frieden, der in Westberlin herrscht. Nachdem sie es sich angelegen sein ließen, Ostberlin in Verletzung bestehender Abkommen an die sogenannte DDR zu übergeben, schlagen sie jetzt ein Vorgehen gegen die Position Westberlin vor."[30]*

Am 5. Juli 1961 empörte sich der Bundesverteidigungsminister (!!) Strauß darüber, dass sich „militärische Dienststellen der Nationalen Volksarmee in Ostberlin" befinden.

Er nannte Teile des Ministeriums für Nationale Verteidigung; das Wehrbezirkskommando; die Standortkommandantur; die Politoffiziersschule; „militärischer geheimer Nachrichtendienst"; „Truppen in Ostberlin"; Bereitschaftspolizei; Wachregiment des MfS; Volkspolizei und Volkspolizei-präsidium; Kampfgruppen „der SED (Bürgerkriegsmiliz)"; vormilitärische Einheiten der GST. Natürlich vergaß er nicht die Militärparaden „und

---

[25] Vgl. a. a. O. Seite 70.

[26] Heinemann a. a. O. Seite 69. (Hervorhebung- K.E.)

[27] A. a. O. Seite 68.

[28] Archiv der Gegenwart Deutschland 1949 bis 1999, Sankt Augustin 2000, Band 3 Oktober 1957-Mai 1962. S. 2831.

[29] Vgl. a. a. O. Seite 2836..

[30] Ebenda.

Feierlichkeiten in Ostberlin"; die „Rüstungsproduktion in Ostberlin" unter Nennung zahlreicher Betriebe mit Namen und Anschrift; „Institutionen der Militarisierungspropaganda in Ostberlin" den Militärverlag mit Druckerei; den Druck der Monatszeitschrift der GST und der Kampfgruppen; Verlag des MdI zugleich Redaktion der Zeitschriften „Die Volkspolizei" „Der Grenzpolizist" „Der Kampfruf".

Ohne darauf im Detail einzugehen, muss aber die Frage in den Raum gestellt werden, in welchen Zusammenhang steht ein *Bundes*verteidigungsminister in offizieller Eigenschaft, wenn er sich zu inneren Angelegenheiten der DDR, insbesondere zur DDR-Hauptstadt Berlin, äußert? Wenn das keine gezielte Provokation war, was denn sonst? Neben der direkten Einmischung in Angelegenheiten der DDR ist allein der Fakt, dass er sich über Status-Fragen Berlins hinwegsetzte, eine Provokation.

In seinen Erinnerungen widmet Strauß „Berlinkrisen und Mauerbau" ein ganzes Kapitel[31], schildert die Weltlage, die „Informationslage, basierend auf Berichten der eigenen und der alliierten Dienste" und beschreibt drei mögliche Varianten, wie die Sowjetunion und die DDR vorgehen könnten: *„Erstens, totale Blockade von Berlin, ähnlich wie 1948; zweitens eine Forderung der Sowjetunion, ihr oder den Behörden der DDR die Kontrolle der West-Berliner Flughäfen Tempelhof und Tegel zu ermöglichen, um so das Schlupfloch zu stopfen; drittens, der Mauerbau. Das erste wäre der schlimmste Fall gewesen. Das zweite schien politisch utopisch zu sein, daß die Westmächte russische oder DDR-Kontrollen auf ihren Flugplätzen zulassen würden, war undenkbar. Der Mauerbau wurde als nicht sehr wahrscheinlich angesehen. Alles in allem richtete man sich auf eine Wiederholung der Blockade ähnlich wie 1948 ein. Eine militärische Besetzung West-Berlins schlossen wir aus".*[32] Trotzdem wurden Flugplätze ausgebaut, Munitionsdepots angelegt, und zusätzlich Munition gekauft. Im Ernstfall (also Krieg) war es auch nach Ansicht von Strauß unmöglich, die *„ausgelöste militärische Entwicklung"* unter Kontrolle zu halten.[33] Es gab Überlegungen im NATO-Hauptquartier *„für den Fall, daß der von den Amerikanern geplante Vorstoß zu Lande nach Berlin von der Sowjetunion aufgrund ihrer Überlegenheit aufgehalten werde, hätten die USA die Absicht, so Foertsch*, bevor es zum großen Schlag gegen die Sowjetunion komme, eine Atombombe zu werfen, und zwar im Gebiet der DDR ... Die*

---

[31] Strauß, Franz Josef Die Erinnerungen Berlin 1989. Seiten 380 bis 396.

[32] A a.O. Seite 382.

[33] Vgl. a.a.O. Seite 385 f.

* Generalinspekteur der Bundeswehr vom 01. April 1961 bis 31.12.1963, war Friedrich Albert Foertsch. Er war in der deutsch-faschistischen Wehrmacht Generalmajor, bis 1955 in sowjetischer Kriegsgefangenschaft, seit 1956 General in der Bundeswehr.

Amerikaner brachten diesen Gedanken ernsthaft ins Gespräch, was schon daraus hervorgeht, daß sie uns nicht nur allgemein gefragt haben, sondern daß sie wissen wollten, welches Ziel wir empfehlen …Der amerikanische Gedanke eines Atombombenabwurfs auf einen sowjetischen Truppenübungsplatz (auf dem Gebiet der DDR K.E.) hätte,, wäre er verwirklicht worden, den Tod von Tausenden sowjetischer Soldaten bedeutet. Das wäre der Dritte Weltkrieg gewesen … Der Krieg hätte also weitgehend in Europa stattgefunden, und zwar als konventioneller Krieg, dem die USA eine nukleare Komponente hinzufügen konnten. Solche Überlegungen sind am Sonntag, dem 13. August 1961, zum Glück Makulatur geworden." [34]

An anderer Stelle bemerkt Strauß, dass sich die Berlinkrise 1961 über drei Jahre aufgebaut hatte und man plötzlich im Frühjahr 1961 merkte, *„daß sich hier etwas zusammenbraute, was außerhalb des üblichen Ost-West-Geplänkels lag und eine weit über Deutschland hinausreichende, eine weltpolitische Dimension hatte. Man spürte, dies kann der Ernstfall werden … Mit dem Mauerbau war die Krise, wenn auch in einer für die Deutschen unerfreulichen Weise, nicht nur aufgehoben, sondern eigentlich abgeschlossen…"* [35]

Anders ausgedrückt, auch der Bundesverteidigungsminister stimmte bereits damals mit Keßler und Streletz überein, dass die Sicherungsmaßnahmen vom 13. August 1961, an der Grenze um Westberlin beginnend, den Frieden retteten. Inwiefern die Erhaltung des Friedens, der *Nichteintritt des Ernstfalles,* für die Deutschen unerfreulich gewesen sein soll, bleibt ewiges Geheimnis von Strauß.
Einige notwendige Nachsätze: *„Der Kalte Krieg war keine Einbahnstraße. Es gab auf beiden Seiten Ereignisse, die für den Beginn (und den Verlauf K.E.) des Kalten Krieges und seine Ausweitung von großer Bedeutung waren."* [36]

---

[34] Strauß a.a.O. Seite 388.
[35] A a.O. Seite 390.
[36] Admiral a. D. Theodor Hoffmann Zum Kalten Krieg aus der Sicht der DDR. In: Kontrollierte Feindschaft. Manöverbeobachtungen und Inspektionen 19871990. Aachen 2011, Seite 5.

Kalter Krieg!

Entsprechend des Wesens des Kalten Krieges hatte der militärische Faktor einen besonders hohen Stellenwert. *„Beide Seiten betrieben eine Politik der Abschreckung, die im Interesse der Glaubwürdigkeit zu einer nie dagewesenen Spirale des Wettrüstens und militärischer Aktivitäten führte, in die alle Partner der jeweiligen Koalition einbezogen waren. Die Hochrüstung folgte einer einfachen militärischen Logik – nämlich: Was ist notwendig, um den Auftrag der Streitkräfte, eine Aggression des Gegners im Koalitionsbestand abzuwehren und ihn auf seinem eigenem Territorium zu vernichten? Dazu war qualitativ und quantitativ immer mehr notwendig, da beide Seiten dieser Logik folgten ... zum Repertoire des Kalten Krieges gehörte die Unterstützung kriegsführender Parteien genauso wie die Führung von Stellvertreterkriegen ...: dabei wurde die eigene Politik als einzig richtige angesehen und der Maxime gefolgt `je ungünstiger für die andere Seite, besser für mich`. Auf beiden Seiten wurden Feindbilder verbreitet und die Rhetorik zwischen den Seiten nahm zeitweilig den Charakter eines Propagandafeldzuges an. Das alles führte dazu, daß sich jede Seite von der anderen Seite bedroht fühlte,* *für sich jedoch in Anspruch nahm, niemanden zu bedrohen. Analysiert man heute die Politik des Kalten Krieges und die Schritte ihrer Durchsetzung ,muß man jeder Seite einräumen, daß sie durchaus Grund hatte, sich bedroht zu fühlen.*"[37]

Der Kalte Krieg führte auch die beiden deutschen Staaten sowie Westberlin einige Male an den Rand eines heißen Krieges. Das bezieht sich insbesondere auf die Jahre 1956, 1961/62 und 1968. Das Krisenmanagement beider Seiten war aber so gut, dass kein Krieg ausbrechen konnte.[38] Aus meiner Sicht hat die *allgemeine* Stabilität, einschließlich des MILITÄRISCHEN (Halt! Bis hierhin und nicht weiter!) auch an der Grenze um Westberlin, wesentlich dazu beigetragen.

Beide deutsche Staaten waren mit Sicherheit nicht Urheber oder gar Auslöser des Kalten Krieges. Die DDR und die BRD waren aber von ihm besonders stark betroffen. *„Von nicht geringer Bedeutung war, daß sich die Streitkräfte der Siegermächte, später die Streitkräfte beider Bündnisse, auf deutschem Territorium in wenigen Kilometern Entfernung entlang der Grenze ... gegenüberstanden, daß die Grenze ... die Frontlinie des Kalten Krieges zwischen den beiden großen Militärblöcken war und daß sie die erste Frontlinie in einem heißen Krieg gewesen wäre.*"[39]

Mit dem Ende des Kalten Krieges und dem Anschluss der DDR an das alte Grundgesetz für die BRD sind aber die Feindbilder noch nicht verschwunden. Immer wieder, vor allem an Jahrestagen, Feiertagen und Jubiläen, neuerdings auch an Todestagen von sogenannten Maueropfern wird der „Unrechts"staat DDR, ein nichtexistenter Schießbefehl, die „Mauer" und Stasi usw. aus der Mottenkiste des Kalten Krieges hervorgeholt und aufpoliert.
Vor allem in Grenzfragen tragen vorgefasste oder über Jahrzehnte manipulierte Meinungen auf allen möglichen Fachgebieten zur öffentlichen Meinungsbildung wesentlich bei.

Dazu gehören auch die verständlicher Weise in der DDR vertretenen, durch die politischen, militärischen und rechtlichen Grundsätze gestützten Fakten im Kalten Krieg, dass es sich bei der Grenze um Westberlin um eine Staatsgrenze handelte, an der die völkerrechtlichen Grundsätze gültig waren.

---

[37] A. a. O. Seite 6.
[38] Vgl. ebenda.
[39] A. a. O. Seite 7.

Spätestens seit 1975 steht dieser Fragenkomplex zur Diskussion. In einer Forschungsarbeit[40] lautete es bereits im Titel: Die Grenze um Westberlin.

Hier ist nicht der Raum, diese komplizierte und widerspruchsvolle Entwicklung auch auf rechtswissenschaftlichem Gebiet in Einzelheiten nachzuzeichnen oder nachzuvollziehen.
Im Folgendem soll dem *staatsrechtlichen* Charakter der Grenze um Westberlin deshalb besondere Aufmerksamkeit gewidmet werden, weil er der entscheidende ist. Fakt muss bleiben, dass diese Grenze ohne Beachtung der Maßnahmen der sowjetischen Besatzungsmacht auf den verschiedensten Gebieten niemals Realität geworden wäre.

1.2 Sowjetische Militäradministration in Deutschland (SMAD)

Im Zusammenhang mit der hier behandelten Thematik und der Tätigkeit der SMAD steht im Mittelpunkt: Der Befehl Nr. 1 vom 28. April 1945 des Stadtkommandanten von Berlin, Generaloberst Bersarin in dem es hieß, dass er zum Chef der Besatzung und zum Kommandanten *von Berlin* ernannt wurde. Die gesamte administrative und politische Macht ging in seine Hände über. In *jedem* Berliner Stadtbezirk wurden militärische Kommandanturen eingesetzt und nahmen ihre Arbeit auf.

Um es zum wiederholten Male deutlich zu machen: Dieses „Berlin" war das gesamte Berlin, Groß-Berlin, unabhängig davon, in welcher Himmelsrichtung es sich später befand. An der Diskussion, ob es sich bei diesem „Berlin" um eine geographische oder um eine administrative Bezeichnung der Russen gehandelt hätte, beteilige ich mich nicht, besonders dann nicht, wenn das in einem Zusammenhang mit den Phrasen des Kalten Krieges und „Zwangsvereinigung" von KPD und SPD, „Berlinblockade" usw. usf. geschieht. Es ist geschichtliche Wahrheit, dass mit der Proklamation Nr. 1 des Alliierten Kontrollrates vom 30. August 1945 der oben genannte Befehl Bersarins bestätigt wurde.

Gleichwohl, ob von Gegnern und Feinden der DDR anerkannt oder nicht, in allen Verfassungen der DDR wurde Berlin als Hauptstadt dieses zweiten deutschen Staates benannt.

---

[40] Ehrhard/Woythe /Mangold u. a. Potsdam 1975 .

Skizzenhaft will ich versuchen, die Rolle der SMAD im gegebenen Zusammenhang anhand des SMAD-Handbuches darzulegen.

Das gesamte Quellenmaterial, auch zu den Kommandanturen, ist nach dem SMAD-Handbuch widersprüchlich. Daran seien *„nicht nur unklare territoriale Zuständigkeiten und die im Zeitablauf (sowohl in formaler Hinsicht innerhalb der Besatzungsverwaltung als auch materiell mit Blick auf ihre Übereinstimmung mit der deutschen Verwaltungsgeographie) uneinheitliche Begrifflichkeit einiger Organisationskategorien schuld, insbesondere auch Bezirk und Kreis, sondern auch die Tatsache…(dass) einige Kommandanturen nachweislich nur fiktiv waren. Die Orientierung erschwert auch der Umstand, daß solche Vorgänge in den Quellen administrativ harmonisiert und in der historischen Aufarbeitung stilistisch geglättet worden sind. Die nachstehende Übersicht (zu den Kommandanturen K.E.) beruht auf einer kritischen Auswertung der Quellen dem Buchstaben nach. Schon mit Blick auf die undurchsichtigen Verhältnisse an der Oder-Neiße-Linie wurden die verwaltungsgeographischen Angaben nicht in allen Details geprüft …"*[41]

Dazu einige offene Fragen, die im Jahre 2009 (dem Erscheinen des SMAD-Handbuchs) sicherlich zu beantworten gewesen wären. Eine Vorbedingung wäre das Freimachen von Klischees aus der Zeit des Kalten Krieges gewesen.
Worin bestand die *unklare territoriale Zuständigkeit?* Worin hätte *Übereinstimmung mit der deutschen Verwaltungsgeographie* bestanden?
Welche Verwaltungsgeographie ist gemeint, die der SBZ, die westliche oder historische?[42] Welche *Kommandanturen waren nachweislich fiktiv* und warum? Welche *Verhältnisse an der Oder-Neiße-Linie* (gemeint ist die Grenze) waren *undurchsichtig?*

Auf ein anderes Phänomen mit Blick auf die Besatzungspolitik der SMAD macht auch das Handbuch aufmerksam. Die gemeinsame Verwaltung Berlins in den Jahren 1945-1948 fand *„Ausdruck in einigen Sonderentwicklungen, insbesondere führte sie in Ost-Berlin im Vergleich zur übrigen SBZ zu einer deutlichen Verzögerung des Tempos der ordnungspolitischen Transformation. Die Alliierte Kommandantur nahm am 21. Dezember 1948 ihre Tätigkeit ohne sowjetische Vertreter auf und führte sie fort. Von ihren früheren Einrichtungen wurde bis zum 17. August 1987 das Spandauer Kriegsverbrechergefängnis und bis zum 23.*

---

[41] SMAD-Handbuch a.a.O. Seite 564
[42] Bekanntlich wurde der Regierungsbezirk Berlin zum 1. Januar 1822 (!) aufgelöst. Berlin behielt bis 1875 einen den Kreisen gleichgestellten Status innerhalb des Regierungsbezirks Potsdam: Beginnend mit Charlottenburg 1876 : Spandau 1887, Schöneberg 1899 und Deutsch-Wilmersdorf 1907 (alle später Westberlin) werden Stadtkreise eingerichtet.:

Oktober 1990 die alliierte Luftsicherheitszentrale in Berlin durch die Vier Mächte gemeinsam betrieben. Der Status von Berlin war bis zur Öffnung der Berliner Mauer am 9. November 1989 Gegenstand heftiger politischer und diplomatischer Auseinandersetzungen zwischen allen beteiligten sechs Mächten. Am 3. Oktober 1990 wurde Berlin de jure ein Land der Bundesrepublik Deutschland.[43]

Auf Hunderten von Druckseiten (das Handbuch hat einen Umfang von 822 Seiten) werden Strukturen, Funktionen, Personalstärke und Namen (Kaderfragen) abgehandelt, aber für die SMA-Landesverwaltung Berlin bleiben lediglich acht Seiten übrig. Trotz der geübten offensichtlichen *Selbstzensur* rutscht es durch, dass die „ersten Stellenpläne der Verwaltung des Kommandanten von Berlin vom Mai 1945" eine hohe Mitarbeiterzahl umfasste, sich „in zwanzig Funktionseinheiten" gliederte, „deren Leiter als sowjetischer Vertreter in den 20 (Fach-)Komitees des Alliierten Berliner Kommandantur fungierten ..."[44]

Dass Groß-Berlin seit 24. April 1920 zwanzig Verwaltungsbezirke hatte, ist selbstverständlich „reiner Zufall".

Ein *anderer Zufall* hat sich in das Handbuch eingeschlichen, der offensichtlich nicht beabsichtigt war:„Dawydow" von der Verwaltung für Interzonen und Außenhandel der SMAD hatte nicht nur eine Telefonnummer, sondern offenbar seinen Sitz in der Prinz-Heinrich- Str. 7.[45] Was ist denn daran erwähnenswert? Eine Prinz-Heinrich-Straße gab es nur in Westberlin, in unmittelbarer Nähe des S-Bahnhofs Lichtenrade, Bezirk Tempelhof!

2 Die Grenze um Westberlin und ihr staatsrechtlicher Charakter

Berlin, Hauptstadt der DDR und Westberlin, also *Gesamtberlin,* befanden sich inmitten und auf dem Hoheitsgebiet (Territorium, Staatsgebiet) der DDR.

Weil das so war, hatte die Grenze um Westberlin einen anderen Charakter als die Staatsgrenze zwischen den beiden deutschen Staaten.

Vitzthum formuliert dieses Problem folgendermaßen: „Das Staatsgebiet weist *Grenzen* (gegenüber anderen Staatsgebieten) und *Begrenzungen* (gegenüber Nichtstaatsgebieten) auf. Wegen seiner Raumnatur sind diese nicht Linien, sondern Flächen. Völkerrechtlich relevant sind die Grenzen zwischen souveränen Staaten, nicht die zwischen innerstaatlichen Gebietskörperschaften.

---

[43] Handbuch a a. O. Seite 525-

[44] A. a.O. Seite 525

[45] A. a.O. Seite 770.

Regierender Bürgermeister und Bundestagspräsident 14.08.1961

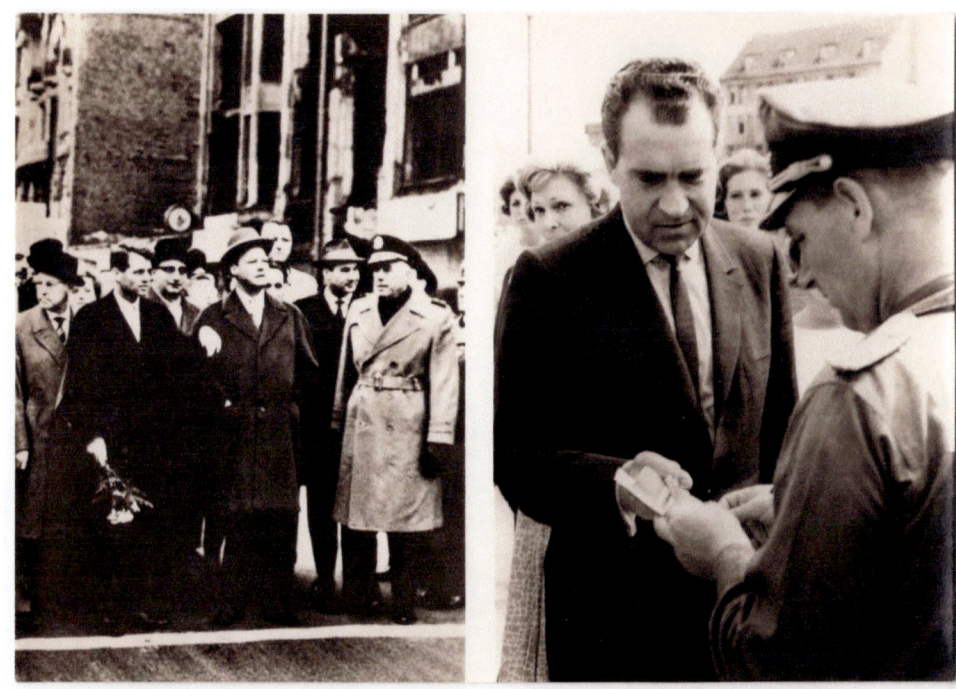

Grenzen werden in der Regel vertraglich festgelegt (Delimitation), im Gelände markiert (Demarkation) und durch Grenzzeichen verdeutlicht."[48]

Geht man von der unerlässlichen und strikten Trennung vom territorialen Grenzregime als innerstaatliche bzw. staatsrechtliche Kategorie[49] und der Grenzlinie, die Staaten trennt, als völkerrechtliche Kategorie aus, dann war die Grenze um Westberlin keine Staatsgrenze, an der *völkerrechtliche Merkmale* galten.

Diese Feststellung wird dadurch bestärkt, dass die Staatsgrenze DDR/BRD auf dem Festland in Übereinstimmung beider Staaten markiert war, theoretisch bis zum Mittelpunkt der Erde und vertikal an die Grenze zwischen Luft- und Weltraum reichte. Die Merkmale eines Staates (abgegrenztes Gebiet, Bürger, Staatsmacht) wurden umfangreich vom Verfasser erarbeitet. [50] Nunmehr will ich mich getrennt

---

[48] Graf Vitzthum (Herausgeber).Völkerrecht, Berlin 2007. Seite 406
[49] Eine wichtige Ausnahme: Der Standort von Grenzübergangsstellen (GÜST) ist grundsätzlich mit der Gegenseite zu vereinbaren. Auch hier ist keine Vereinbarung zwischen der Ost- und Westberliner Seite bekannt. Die DDR hat die Übergangsstellen (Straßen bzw. S-Bahn) einseitig bestimmt und festgelegt.
[50] Emmerich, Klaus Grenzen. Eine Auswahl staats-, völkerrechtlicher sowie zeitgeschichtlicher Aspekte der Grenzen am Beispiel beider deutscher Staaten und der Hauptstadt Berlin. Berlin 2009.

und am Detail mit der Grenze um Westberlin befassen. Hierbei gilt dem Status der Hauptstadt der DDR und Westberlins besondere Aufmerksamkeit.

In nur wenigen Staaten dieser Erde war „die Sicherheit so unmittelbar mit seiner Existenz verknüpft wie in der DDR. Der Schutz dieser DDR unter den Bedingungen des gnadenlos geführten Kalten Krieges, der in einen heißen überzugehen drohte, war eine Bedingung für den Frieden in Europa. Die DDR musste aufgrund ihrer Bedrohungslage ihrer Sicherheit einen *höheren* Rang einräumen als andere Staaten. Sie war zu besonderen Staatsschutzmaßnahmen regelrecht gezwungen."[51]

Das traf selbstverständlich in besonderem Maße auf Westberlin zu. Wobei der *Schutz der DDR,* wie er hier dargestellt wird, sich vor allem darauf beziehen musste, das ungesetzliche Verlassen, die Republikflucht wenn nicht zu verhindern, doch mindestens einzuschränken und das Grenzgängertum[52] zu beseitigen.

Die Fragestellung, warum so viele Bürger/Innen diesen sozialistischen deutschen Staat verlassen haben, soll hier nicht zur Diskussion gestellt oder gar beantwortet werden. Zumindest das Grenzgängertum könnte mit dem Sprichwort *Geld stinkt nicht* eine Klärung erheischen.

Nicht unberücksichtigt muß die Tatsache bleiben, dass bereits die Verfassung der DDR vom 7. Oktober 1949 im Artikel 2 Absatz 2 bestimmte: *„Die Hauptstadt der Republik ist Berlin."*

"Vorläufigen Verfassung von Groß-Berlin", die auf einer Anordnung der Alliierten Kommandantur vom 4. September 1946 basierte, beschloß der Magistrat am 04. August 1950 das Inkrafttreten der Verfassung von Berlin (West) zum 01. Oktober 1950[57].
Der Artikel l lautet:

---

[51] Schwanitz, Wolfgang Die Sicherung der DDR als Beitrag zur Sicherung des Friedens in Europa. In: Eichner /Schramm ‚Spionage 2004, Seite 89.

[52] Unter Grenzgänger wurden jene Personen verstanden, die in der DDR wohnhaft waren und alle sozialen Vorteile (u.a. niedrige Mieten, unentgeltliche medizinische Betreuung, fast Null-Tarif in öffentlichen Verkehrsmittel) in Anspruch nahmen, aber in Westberlin für Westgeld arbeiteten. Dieser Arbeitslohn wurde dann häufig in DDR-Mark umgetauscht. Diese Ost-West-Grenzgänger erlangten durch den Umtausch ungerechtfigt zum Vielfachen ihres eigentlichen Einkommens.

[53] Röhr, Werner Abwicklung. Das Ende der Geschichtswissenschaft der DDR, Band 1 Analyse einer Zerstörung, Berlin 2911 Seite 4

[54] Ebender, Band 2 Analyse ausgewählter Forschungen, Übersichten, Register, Berlin 20^12 Seite 568.

[57] Verordnungsblatt der Stadt Berlin, 1946, Seite 294 ff.; VOBL für Groß-Berlin, Teil I, Nr. 61 Seite 433 ff.

" (1) Berlin ist ein deutsches Land und zugleich eine Stadt. (2) Berlin ist ein Land der Bundesrepublik Deutschland. (3) Grundgesetz und Gesetze der Bundesrepublik Deutschland sind für Berlin bindend."

Es gehört zu den Ungeheuerlichkeiten des beginnenden Kalten Krieges, dass „Berlin" nicht West-Berlin oder Berlin (West) genannt wurde.

In der im Zusammenhang mit dem Status von Westberlin wichtigsten „Anordnung der Alliierten Kommandatura Berlin" vom 29, August 1950[58] hieß es lapidar unter:
"2. b) Absätze 2 und 3 des Artikels 1 werden zurückgestellt."[59]

Da der Absatz 1 nicht zurückgestellt wurde, blieb für West-Berlin der Status eines deutschen Landes und logischerweise auch einer Stadt erhalten.

Aber das Bedeutsamste, dass Westberlin zu *keinem* Land der BRD wurde, dass das Grundgesetz für die Bundesrepublik Deutschland für Westberlin *nicht* bindend wurde, geht fast in der *Zurückstellungs-Formel* unter. Das war ja auch so gewollt! Westberlin war kein Teil oder Bestandteil der BRD.

Gleichzeitig erklärten die Alliierten ihre Auffassung, dass auch der Artikel 87 der Vorläufigen Verfassung, der für eine „Übergangszeit" konzipiert war, dahingehend aufgefasst wird, dass „Berlin keine Eigenschaften eines zwölften Landes besitzen wird. Die Bestimmungen dieses Artikels betreffend das Grundgesetz finden nur in dem Maße Anwendung, als es zwecks Vorbeugung eines Konfliktes zwischen diesem Gesetz und der Berliner Verfassung erforderlich ist. Ferner finden die Bestimmungen irgendeines Bundesgesetzes in Berlin erst Anwendung, nachdem seitens des Abgeordnetenhauses[60] darüber abgestimmt wurde und dieselben als Berliner Gesetz verabschiedet worden ist."[61]

Zur Geschichte der "Vorläufigen Verfassung" gehört das Schreiben der Alliierten Kommandantur vom 13. August 1946 das lautet:

"Die Alliierten Kommandanten betrachten die Wiederherstellung einer konstitutionellen Regierung für die Stadt Berlin als ein geschichtliches Ereignis. Mit der Übermittlung der Vorläufigen Verfassung an den Magistrat zusammen mit der Anordnung der Alliierten Kommandantura geben die Besatzungsmächte nochmals ihrem Bestreben Ausdruck, die politische Unabhängigkeit in Berlin herzustellen und der Bevölkerung in Angelegenheiten der Stadtverwaltung das Selbstbestimmungsrecht wiederzugeben. Im Jahre 1920 erhielt Berlin zum ersten

---

[58] BK/O (50) 75 29. August 1950, VOBL ebenda Seite 440.
[59] Röhr, Werner ABWICKLUNG. Das Ende der Geschichtswissenschaft der DDR, Band 2 Analyse ausgewählter Forschungen Übersichten Register, Berlin 2012 Seite 568:
[60] Über den Widerspruch zwischen der „Stadtverordneten-Versammlung", „Magistrat von Groß-Berlin" einerseits und „Abgeordnetenhaus" andererseits möchte ich hier nicht referieren.
[61] BK/O 75, a.a.O. Buchstabe c)

Mal eine demokratische Verfassung. Jedoch unter der Beeinflussung des Naziregimes hat die Beschränkung der politischen Freiheit dazu geführt, daß der Verwaltungs- und Regierungsapparat der Stadt lediglich zum Werkzeug faschistischer Macht wurde. Die Verfassung vom Jahre 1946 ist ein provisorisches Dokument, das die Wiederherstellung politischer Freiheit und deren Anvertrauung an die Berliner Bevölkerung bezweckt. Sie legt die Gesamtheit der Machtbefugnisse in die Hände der vom Volke gewählten Vertreter. Sie verlangt, daß die gewählten Vertreter sich zu einer konstitutionellen Versammlung zusammenschließen, um unverzüglich mit der Ausarbeitung einer Verfassung auf breiterer Basis für die Stadt Berlin zu beginnen. Sie sieht eine stabilisierte Stadtverwaltung vor auf Grund der allgemeinen Richtlinien der Gesetze von 1853, 1920 und 1931. Die Alliierten Kommandanten haben beschlossen, daß diese neue Verfassung im Oktober in Kraft treten wird, zu welcher Zeit Wahlen stattfinden werden, und im Vertrauen, daß die demokratische Entwicklung nie wieder aufhören wird, übertragen sie die Verantwortung für die der Alliierten Kommandantura unterstellte Regierung von Berlin auf die Bevölkerung der Stadt. "[62]*

Die DDR-Verfassung vom 6. April 1968, die mit Volksentscheid angenommen wurde, regelte im Artikel 1 „Die Hauptstadt der Deutschen Demokratischen Republik ist Berlin", der Artikel 7 bestimmte im Absatz 1, dass die Staatsorgane *"die Unantastbarkeit des Staatsgebietes* (gewährleisten)". Zweifellos wurde die Unantastbarkeit des Staatsgebietes auch mit Hilfe der Grenzsicherung gegenüber Westberlin gewährleistet.

Die Ergänzung und Änderung der DDR-Verfassung vom 7. Oktober 1974 gab Artikel 7 Absatz 1 den Staatsorganen die Befugnis „*die territoriale Integrität* und die Unverletzlichkeit ihrer Staatsgrenzen einschließlich ihres Luftraumes und ihrer Territorialgewässer sowie den Schutz und die Nutzung ihres Festlandsockels (zu gewährleisten)". Mit dieser Formulierung der Verfassung kommt besonders die Unterschiedlichkeit der Grenze um Westberlin und der Staatsgrenze DDR/BRD zum Ausdruck: Der Luftraum über Westberlin gehörte trotz der drei Luftkorridore (zwischen Westberlin und der BRD) zum Hoheitsgebiet der DDR.

---

[62] Krumholz, Walter Berlin-ABC Herausgegeben im Auftrage des Presse und Informationsamtes des Landes Berlin Seite 538, Berlin 1965, Seite 708.

Ich gehe davon aus, dass der Inhalt der hier verwandten Begriffe „Unantastbarkeit des Staatsgebietes" und „territoriale Integrität" die gleiche Bedeutung hatten.

3 Zur Strategie der deutschen Staaten in ihrer Westberlin-Politik

Bevor auf die strategische Konzeptionen eingegangen wird, einige Bemerkungen zur *Viermächteverantwortung*. Ridder[63]beschreibt Anfang 1991das „eigengeartete Besatzungsregimes der ‚Vier Mächte' in Deutschland (und) dessen ‚Rechtslage'und die ‚Rechtslage Berlins' (als) Dauerthemen einer schubweise, etwa bei ‚Berlinkrisen' oder anläßlich einschlägiger Höchstjudikate, expandierenden westdeutschen juristischen Fachliteratur". Diese juristische Fachpublizistik und die offizielle Politik wird besonders charaktereiert „durch deren Realitätsblindheit und emotionsgeladene Geschichtsvergessenheit".[64] Das drückt sich u.a. darin aus, dass Westberlin zur Frontstadt, als Vorposten des „freien Westen", und die drei Westmächte zu *Schutzmächten* stilisiert wurden. Gleichzeitig kritisiert Ridder das stete ‚juristisch umgesetzte politische Wunschdenken, das von den historischen Ursachen des Besetzungsregimes in ‚Deutschland' überhaupt nicht und von den Faktoren des Auseinanderdriftens von BRD und DDR nur soweit Notiz nimmt, wie sie den Übeltätern (der Sowjetunion und der DDR K.E.) zugeschrieben werden können ..."[65]

Wenn es eine strategische Konzeption in der DDR-Politik gegenüber Westberlin gegeben hat, dann ist zunächst festzustellen, dass diese Konzeption grundsätzlich nur im Zusammenhang mit der Politik und Praxis gegenüber der BRD betrachtet werden sollte.

Ohne auch hier auf Details einzugehen, dürfen selbstverständlich die Dreier-Verhandlungen Sowjetunion/USA/BRD zu Westberlin, die den Verhandlungen zum Vierseitigen Abkommen vorausgingen, nicht vergessen werden.

Falin[66] beschreibt sie als „Berliner Verhandlungen am Rhein". Das einzige Problem sehe ich weniger in den damaligen Geheimverhandlungen, sondern darin, dass die DDR von ihrem Hauptverbündeten geschnitten wurde, indem sie an diesen

---

[63] Ridder, Helmut "Germany holds the key". Über die Viermächteverantwortung als Wegweiser zu einer realistischen Deutschlandpolitik und zu einer wissenschaftlich verantwortbaren deutschland-rechtlichen Publizistik. In: Ebender: Das Gesamtwerk in sechs Bänden (Hrsg. Friedrich-Martin Balzer , Band 5, Bonn 2009 Seite 36 bis 45.
[64] A.a.O. Seite 36
[65] A.a.O. Seite 37.
[66] Falin, Valentin Politische Erinnerungen München 1993 Seite 165 ff.

Verhandlungen nicht direkt teilnahm, obwohl sie vom Gegenstand Westberlin am unmittelbarsten betroffen war.

Seidel[67], über Jahrzehnte Spitzendiplomat der DDR und fest eingebunden in die Praxis der Beziehungen DDR/BRD, lenkt die Aufmerksamkeit auf die Tatsache, dass die DDR in ihrer gesamten Politik nur im Rahmen der sowjetischen Interessen agieren konnte. Die Sowjetunion achtete stets darauf, die Beziehungen der DDR zur BRD unter ihrer Kontrolle zu halten. Dazu gehörte selbstverständlich auch die Politik und Praxis gegenüber Westberlin. Die DDR wurde in ihrer 41-jährigen Entwicklung immer mehr „zum entscheidenden Vorposten des sowjetischen Machtbereiches in Europa und damit ein wesentliches Element der eigenen Sicherheit der Sowjetunion. Das änderte sich erst, als Gorbatschow und Schewardnadse die grundlegende Wende in der sowjetischen Außen- und Sicherheitspolitik einleiteten. Damit verlor die DDR ihre strategische Bedeutung für Moskau, sie wurde geradezu ein Hindernis für die sowjetische Europa- und Deutschlandpolitik."

Seidel macht im Weiteren darauf aufmerksam, dass es abgesehen „von allgemein gehaltenen Äußerungen auf den SED-Parteitagen offensichtlich keine langfristige, schriftlich fixierte strategische Konzeption der DDR gegenüber der BRD" gab. Wie heute bekannt, „gab es auch nie eine Grundsatzdebatte im SED-Politbüro über die Beziehungen zur BRD".[68]

Die Grundlinien Ende der 60er, Anfang der 70er Jahre bestanden darin, die weltweite völkerrechtliche Anerkennung der DDR zu verwirklichen. Dabei stand die „Zerschlagung der Hallstein-Doktrin" (Alleinvertretungsanmaßung der BRD) im Mittelpunkt.[69]

Auch wenn es nach Seidels Meinung keine strategische Grundlinie gab, so gab es selbstverständlich einige Grundtendenzen, die sich wie folgt darstellen:

Es bestanden zwei deutsche Staaten, mit dem Mittelpunkt Berlin, zwei gegensätzliche Gesellschaftsordnungen herrschten. Beide Staaten gehörten verschiedenen Militärbündnissen an. Die Sicherung des Friedens rückte immer mehr ins Zentrum der Politik beider deutscher Staaten. „Bemerkenswerterweise gab es hier weitgehenden Konsens zwischen beiden Seiten. Seit Anfang der 80er Jahre waren beide Seiten interessiert und bemüht, ihr Verhältnis so weit wie möglich aus der Blockkonfrontation herauszuhalten. Die von Willy Brandt zum ersten Mal vorgetragene These, dass von deutschen Boden nie mehr Krieg

---

[67] Seidel, Karl Berlin- Bonner Balance. 20 Jahre deutsch-deutsche Beziehungen. Erinnerungen und Erkenntnisse eines Beteiligten. Berlin 2002, Seite 12 ff.
[68] Ebenda.
[69] Ebenda.

ausgehen dürfe, war eine Losung von einiger Bedeutung für beide Seiten."[70] Ein drittes Element der Politik der DDR gegenüber der BRD, die wirtschaftlichen Interessen und die Finanzbeziehungen, sollen im Zusammenhang mit demThema lediglich erwähnt werden, obwohl sie für die DDR existentielle Bedeutung hatten. *„Aus diesen Grundlinien, zusätzlich beeinflußt durch die Blockauseinandersetzungen zwischen Ost und West, ergaben sich die Schwierigkeiten der täglichen praktischen Politik gegenüber der BRD. Sie erschienen nicht selten als Zick-Zack-Kurs, gekennzeichnet von Unsicherheiten und Schwankungen, was häufig auch zutraf. Die Beziehungen waren seit den 70er Jahren ein ständiges Auf und Ab von Konfrontation und Entspannung, wenn sie auch insgesamt in aufsteigender Linie verliefen."[71]*

Ohne auf alle Details einzugehen, wie die DDR zum Vorposten der Sowjetunion in Europa wurde, soll aber nicht vergessen werden, dass von Westberlin aus, unter Adenauer/Eisenhower/Dulles, die Politik des Zurückrollens des Sozialismus betrieben wurde. Der von der Sowjetunion und der DDR Ende 1958/59 unternommene Versuch, die Westberlin-Frage auf dem Verhandlungswege zu lösen, scheiterte endgültig auf der Außenministerkonferenz in Genf

Unabhängig davon gab es viele Aktivitäten praktischer Art auf offizieller und inoffizieller Basis zwischen beiden Seiten, die das Frontstadt-Image Westberlins überwinden und die Wirtschaft entwickeln und die DDR politisch und ökonomisch stärken sollten. Wortführer war Schalck-Golodkowski auf DDR-Seite und Karl König bzw. Dieter von Würzen auf WB/BRD-Seite.[72]

Die *Ausgangslage der Bundesrepublik* wird bereits deutlich in der ersten Regierungserklärung die Bundeskanzlers Konrad Adenauer vor dem Bundestag am 20. September 1949 abgab Er betonte, dass die BRD der deutsche Kernstaat sei, die Gleichsetzung des „nationalsozialistischen Reichs" mit „der Ostzone" und das es notwendig ist unter keinen Umstand Berlin im Stiche zu lassen., sowie beschleunigt über den Fortgang und Umfang der Hilfsmaßnahmen für Berlin, und zwar nicht ausschließlich durch Gewährung von finanziellen Zuschüssen, zu beraten und zu beschließen.[73] Es geht nach Meinung Adenauers auch darum „unsere deutschen Landsleute auch in der Ostzone und in dem ihnen unterstehenden Teil von Berlin das Leben in Freiheit führen zulassen, das deutschem Herkommen, deutscher Erziehung und deutscher Überzeugung

---

[70] Seidel Balance Seite 17.
[71] Ebenda.
[72] Vgl. Schumann, Frank/Wuschech , Heinz Schalck-Golodkowski . Der Mann, der die DDR retten wollte. Berlin 2012, Seite 102 ff.
[73] Vgl. Außenpolitik der Bundesrepublik Deutschland. Dokumente von 1949 bis 1994. Herausgegeben aus Anlaß des 125. Jubiläums des Auswärtigen Amts, Köln 1995, Seite 70 f.

entspricht."[74] Die Teilung Deutschlands werde „vorübergehen. Wir hoffen, daß dann der Wiedervereinigung mit unseren Brüdern und Schwestern in der Ostzone und in Berlin nichts mehr im Wege steht."[75]

Herbert Wehner (SPD) als Vorsitzender des Bundestagsausschusses für gesamtdeutsche Fragen erläuterte am 14. September 1950, dass der „Widerstand Berlins gegen die kommunistische Diktatur mit allen wirtschaftlichen und politischen Mitteln zu stärken (ist) als Beweis für den Ernst und die Beharrlichkeit des Willen der Bundesrepublik zur Wiedervereinigung Deutschlands in einem freien Rechtsstaat."[76]

"Zur ,Souveränität' der DDR. Entschließung des Deutschen Bundestages über die Nichtanerkennung der ,Souveränität' der Sowjetzonenregierung' 7. April 1954
Entschließung des Deutschen Bundestages
In seiner 23. Sitzung vom 7. April 1954 nahm der Deutsche Bundestag nachstehenden Entschließungsantrag einstimmig an: Der Deutsche Bundestag erklärt, daß das deutsche Volk sich niemals mit der Spaltung abfinden und die Existenz zweier deutscher Staaten hinnehmen wird. Er wiederholt die Feststellung, daß das kommunistische Regime in der sowjetisch besetzten Zone Deutschlands nur durch Gewalt existiert und keine Vertretung des deutschen Volkes ist. Die Bundesregierung als die einzige demokratisch und frei gewählte deutsche Regierung ist allein berechtigt, für alle Deutschen zu sprechen. An dieser oft bekundeten Stellungnahme hat sich durch die Erklärung der Sowjetunion vom 25. März 1954 nichts geändert."[77]

Am 30. Januar 1970 wurde zwischen dem sowjetischen Außenminister Gromyko und dem Staatssekretär im Bundeskanzleramt Egon Bahr in Moskau ein Gespräch geführt, das den Rechtsstandpunkt der BRD zu Berlin treffend wiedergibt.[78] Bahr erklärte: „*Berlin ist ein Sonderproblem. Sie sagten heute, daß Berlin in der Verfassung als Teil der Bundesrepublik steht. Das stimmt. Und das bleibt auch so .... Darüber aber gibt es eine höhere Souveränität. Die Drei Mächte haben diese Bestimmungen suspendiert. Sie gelten also nicht. In Berlin gelten die ursprünglichen Rechte der Drei Mächte. Berlin gehört nach übergeordnetem Recht nicht zur Bundesrepublik. Das soll auch so bleiben. Bundeskanzler Brandt sagte dazu, unsere Schultern sind zu schmal. Wir wollen den Status von Berlin nicht ändern, solange die deutsche Frage, solange es die Bundesrepublik Deutschland*

---

[74] .A.a.O. Seite 173.
[75] A a.O. Seite 174.
[76] A .a.O. Seite 179
[77] A. a.O. Seite 209.
[78] Dokumente (DzD VI./1, 2002):

gibt. BRD-Gesetze gelten nicht in Berlin, sofern das Berliner Stadtparlament sie nicht neu beschließt. Die Drei Mächte können jeden Beschluß mit Veto belegen, so z.B. den über die Bundeswasserstraßen. Auch die Wehrgesetze gelten in Berlin nicht, aber die Drei Mächte haben die Bundesregierung beauftragt, für den Ausgleich des Berliner Etats zu sorgen. Wirtschaftlich, kulturell, zivilrechtlich und finanziell ist Westberlin(!K.E) voll in die Bundesrepublik integriert. Dagegen hat auch die Sowjetunion nichts und hat es als Realität angesehen. Die Drei Mächte haben die Bundesregierung beauftragt, Westberlin nach außen zu vertreten. Die Sowjetunion widerspricht, obwohl es allen klar ist, daß Berlin nicht Teil der Bundesrepublik ist. Auch Liechtenstein ist nicht Teil der Schweiz. Wenn wir für eine gewisse Zeit normale Zustände in Europa schaffen wollen, muß das auch für Berlin gelten, soweit diese Abnormität normalgemacht werden kann, so im Zugang, im Verkehr. Darüber haben wir nicht zu verhandeln. Aber wir sehen das Problem, solche Lösungen wünschen wir, egal, wer sie aushandelt.

Gromyko: *Kann ich daraus schließen, daß die Bundesrepublik auch die Westberliner Grenze achtet einschließlich der der territorialen Integrität? Wir betrachten Westberlin als unabhängige politische Einheit.*

Bahr*: a) Die Verfassung bleibt, b) die Verfassung bleibt außer Kraft.*

Gromyko: Wir wollen Ihre Verfassung nicht auffressen.

Bahr: *Wir wollen doch keinen Gewaltverzicht mit Westberlin. Was die Vier Mächte dort beschlossen haben, wollen wir nicht ändern."*[79]

Auf eine entsprechend Frage des sowjetischen Außenministers erwiderte Bahr: ... *"Die Beziehungen zu Berlin sind identisch mit den Beziehungen zur DDR ..."*[80]

ogisch: Berlin war Hauptstadt der DDR.

Der Grundlagenvertrag wurde durch eine Entscheidung des Bundesverfassungsgerichts vom 31. Juli 1973 für grundgesetzkonform erklärt. (Diese Tatsache war für den anderen deutschen Staat rechtlich völlig bedeutungslos). In dieser Entscheidung des BVerfG heißt es unter Ziffer 8.: „*Der Vertrag ändert nichts an der Rechtslage Berlins, wie sie seit je von Bundestag, Bundesrat und Bundesregierung, den Ländern der BRD und dem BVerfG gemeinsam unter Berufung auf das GG verteidigt worden ist. Das GG verpflichtet auch für die Zukunft alle Verfassungsorgane in Bund und Ländern, diese Rechtsposition ohne Einschränkung geltend zu machen und dafür einzutreten. Nur in diesem Kontext dürfen Erklärungen beider Seiten in bezug auf Berlin (West) ausgelegt und verstanden werden ... bei jedem Abkommen und bei jeder*

---

[79] A. a. O. Seite 208.
[80] A..a. O. Seite 209.

Vereinbarung mit der DDR, die ihrem Inhalt nach auf das Land Berlin und seine Bürger ausgedehnt werden können, auf der Ausdehnung auf Berlin zu bestehen und nur abzuschließen, wenn der Rechtsstand Berlins und seiner Bürger gegenüber dem für den Geltungsbereich des GG geltenden Rechtsstand – vorbehaltlich des für Berlin geltenden alliierten Vorbehalt und in Übereinstimmung mit dem Viermächte-Abkommen v. 3.9.1971- nicht verkürzt wird.[81]

Betrachtet man die Vereinbarungen der DDR mit dem Senat von Westberlin zur Regelung verschiedener lokaler Probleme, die im engen Zusammenhang mit dem Status der Stadt stehen, dann ergeben sich folgende Beispiele: Vereinbarungen über den Neubau einer Schleusenkammer der Schleuse Spandau (Westberlin) und dazu notwendige technische Details, weil die Wasserstraßen in Westberlin, vereinfacht ausgedrückt, zur DDR gehörten.

Es wurde im Februar 1974 eine Vereinbarung abgeschlossen, in der die Umgestaltung von Anlagen der Deutschen Reichsbahn (Südgelände) zum Bau von Straßen in Westberlin geregelt wurde. In einer BK/O (80) 2 vom 24. Januar 1980 der drei Westmächte heißt es ausdrücklich: *„Der besondere Rechtsstatus der Schienenwege und des Schienenverkehrs in den Westsektoren von Berlin darf durch die Bestimmungen der Vereinbarung, die den Alliierten Rechten und der Alliierten Gesetzgebung unterworfen ist, nicht berührt werden.“*[85]

Ähnliche Vereinbarungen wurden

- „zur Fortleitung und Behandlung von Abwässern aus Berlin (West)“, „zur Beseitigung von Abfallstoffen aus Berlin (West)“;
- „über die Rückführung der zur Marx-Engels-Brücke gehörenden Skulpturen aus Berlin (West) vom 20. Mai 1981“;
- ;, zur Übergabe von Archivbeständen der KPM vom 29. Mai 1981, „Übergabe der Fassadenteile des ehemaligen Ephraim-Palais am 20. Juni 1983“;
- zum Austausch von Gipsabdrücken am 31. Januar 1985

abgeschlossen.[86]

Von besonderer Bedeutung zum Gegenstand der Arbeit scheint mir die Vereinbarung zwischen dem Westberliner Senat und der Regierung der DDR „über Rettungsmaßnahmen bei Unfällen an der Berliner Sektorengrenze vom 29. Oktober 1975“ zu sein. Wenn Kinder, Alte und gebrechliche Menschen von Westberlin aus in *festgelegten Grenzgewässern*, in Not geraten, wurde von der DDR-Regierung

---

[81] Außenpolitik der BRD a.a.O. Seite 395.

[85] Dokumente Berlin 1987 Seite 534.

[86] Vgl. a.a.O. Kapital 32 f., Seiten 530 bis 549.

gestattet, Rettungsmaßnahmen zu treffen. Es handelte sich um die Grenzgewässer:„Berlin-Spandauer Schiffahrtskanal, Humboldt-Hafen und Spree von Kieler Brücke (km 10,6) bis westlich Marschallbrücke (km 15,1) und Spree von Schillingbrücke (km 19,3) bis Einmündung Flutgraben (km 21,3) ..."[87] Aus den Gewässerangaben ergibt sich, dass die Grenze immer am Westberliner Ufer verlief. Der letztgenannte Gewässerverlauf (Schillingbrücke bis Flutgraben) beweist, dass es sich bei dem vorderen Sperrelement der „East-Side-Galerie" in der Mühlenstraße nicht um eine Grenzmauer handelte. Die sogenannte Hinterlandmauer wurde errichtet, um zu verhindern, dass Personen schwimmend nach Westberlin gelangen konnten oder mittels Kraftfahrzeug in den Schutzstreifen eindringen konnten. Die Grenze verlief gemäß den Katasterunterlagen am Ufer Westberlins (etwa 80 cm auf „Westberliner" Gebiet).

In diesem Zusammenhang erscheint erwähnenswert, an den Jahrhundertbau, die „Drushba-Trasse", und seine Einmaligkeit zu erinnern. Ein gewaltiges Erdgasgeschäft zwischen der Sowjetunion und der BRD in einem Vertrag über die Lieferung von Pipeline-Rohren gegen Erdgas wurde abgeschlossen und von den „Revolutionären im Blauhemd" verwirklicht. Allein konnte die Sowjetunion dieses Riesenprojekt nicht verwirklichen. In der DDR entstand das „Zentrale Jugendobjekt Erdgastrasse", an der etwa 25.000 Trassenbauer aus der DDR mitwirkten. „Die DDR investierte-so rechnete später das Bonner Wirtschaftsministerium aus - insgesamt etwa sieben Milliarden Mark. Bevor sie richtig Nutzen aus der Erdgastrasse ziehen konnte, ging sie unter."[88] Am 8. November 2011 weihten die Bundeskanzlerin Angela Merkel und der russische Präsident Dimitri Medwedew in Lubmin (Mecklenburg-Vorpommern), weitgehend unbemerkt, den ersten Strang der Ostsee-Pipeline ein.[89]

Die Reihe von weiteren Beispielen und Zitaten könnte lückenlos fortgesetzt werden, wird aber abrupt beendet mit der Feststellung der Tatsache, dass die Strategie der BRD in bestimmten Nuancen immer darin bestand, den anderen deutschen Staat, die DDR einschließlich ihrer Hauptstadt, zu beseitigen.
Die dem DDR-Außenminister Otto Winzer zugeschriebene Bemerkung, dass der Bahr/Brand-Spruch „Wandel durch Annäherung" eine „Aggression auf Filzlatschen" sei, ist sicherlich eine zugespitzte Formel, treffe aber den Kern der Sache, und wurde von Egon Bahr auf dem ND-Pressefest am 14. Juni 1997 bestätigt.[90]

---

[87] A.a. O. Seite 541.
[88]Obuchow, Hajo/ Wabnitz, Lutz/ Wagner, Frank-Michael Die Trasse. Ein Jahrhundertbau in Bildern und Geschichten, Berlin 2012, Seite 8.
[89] Vgl. a.a. O. Seite 7.
[90] Vgl. Seidel a. a. O. , Seite 52.

Wenn die Bundesregierung der DDR Rechtsanmaßungen vorwarf, wenn sie zu Ereignissen in Westberlin Stellung nahm „und dabei unhaltbare Behauptungen über den Status von Berlin und das Viermächte Abkommen vom 3. September 1971 aufgestellt hätte und sie dazu feststellte, dass die DDR nicht Signatar des Viermächte-Abkommens sei und die DDR-Regierung keinerlei Zuständigkeit für Westberlin hat[91] dann handelt es sich hier um eine typische Reaktion im Kalten Krieg.

Im Einzelnen dazu:
Zunächst stellt sich die Frage, um welche *Ereignisse* es sich in Westberlin handeln könnte? Könnte es sich darum handeln, dass DDR-Grenzsoldaten Teilnehmern einer Sternfahrt der Jungen Union den Transit nach Westberlin verweigerten?[92] Oder um „Behinderungen der DDR im Transitverkehr" nach Westberlin? Der Verbrecher Weinhold wurde von der Schwurgerichtskammer des Landgerichts Essen von der Anklage des Totschlags in zwei Fällen freigesprochen. Er hatte doch die beiden Grenzsoldaten Klaus-Dieter Seidel und Jürgen Lange *nur in Notwehr* erschossen. Außerdem gehört Essen wohl nicht zu Westberlin? Oder handelt es sich um Maßnahmen, die im Januar 1977 durch die DDR getroffen wurden, „durch welche die Freizügigkeit innerhalb Großberlins weiter eingeschränkt worden ist und durch welche die Kontrollpunkte zwischen dem Ostsektor Berlins und der DDR beseitigt worden sind"?[93]

Was sind unhaltbare Behauptungen zum Status von Berlin? Sicherlich war gemeint, dass Berlin die Hauptstadt der DDR war?

Dass die DDR nicht Signatar des Vierseitigen Abkommens war, ist korrekt. Aber die BRD war es auch nicht!

4 Die Grenze in und um Berlin

Die Grenzen in und um Berlin waren untrennbar mit der *Westberlinfrage* verbunden. „Diese Frage gehörte zu den kompliziertesten und aktuellsten

---

[91] Bulletin Nr. 7 vom 27. Januar 1977 Seite 66. In: Dokumente Berlin1987 Seite 341
[92] Vgl. Archiv der Gegenwart Band 7 Seite 6685.
[93] Erklärung der Drei Alliierten vom 5. Januar 1977, a. a. O. Seite 6698.

Problemen", mit der sich insbesondere die deutschen Politiker und die vier Mächte, als Folge des zweiten Weltkrieges und der entgegengesetzten Entwicklung in den Nachkriegsjahren und darüber hinaus auseinandersetzen mussten. „Solange das Problem der Wiedervereinigung Deutschlands praktisch lösbar war, wurde die Westberlinfrage nicht aus dem deutschen Problem herausgelöst. Die seinerzeit von der Sowjetunion und der DDR entwickelten Vorschläge zur Schaffung eines einheitlichen, friedliebenden, demokratischen Deutschlands und zum endgültigen Abschluß der deutschen Friedensregelung zielten zugleich auch auf die Lösung der Westberlinfrage ab".[94]

Westberlin wurde allmählich eine spezielle Verwaltungseinheit der BRD und löste sich immer weiter von seiner natürlichen Umgebung ab. Westberlin wurde eine Stadt mit einem besonderen Status, ein Sondergebilde inmitten und auf dem Hoheitsgebiet der DDR. Wyssozki beschreibt Westberlin „vor allem (als) eine kapitalistische Enklave, eine Art Insel, ein Fremdkörper inmitten der Deutschen Demokratischen Republik. Es umfaßt die Hälfte oder genauer gesagt ungefähr 55 Prozent des früheren Gebietes von Groß-Berlin, der Hauptstadt des ehemaligen Deutschen Reiches, und stellt heute eine selbständige, von dem anliegenden Territorium abgetrennte Stadt innerhalb der Grenzen der DDR dar, die nicht einmal klein ist. Von Ost nach West erstreckt sie sich über 29 Kilometer, von Nord nach Süd über 32 Kilometer, sie nimmt eine Fläche von 479,28 Quadratkilometern oder 47 928 Hektar ein .... Westberlin ist beispielsweise 228mal kleiner als der Staat, in dem es liegt...Doch insgesamt ist Westberlin in territorialer Hinsicht eine ziemlich bedeutende Einheit."[95]

Weil das so war, gab es eine Unzahl von Veröffentlichungen mit den unterschiedlichsten Standpunkten und Ideen, die auch in Dokumenten deutlich wurden.

Weit entfernt von einer sachlichen und nüchternen Beurteilung wurden von der Mehrzahl der Autoren Standpunkte vertreten, die logischerweise die Politik der drei Westalliierten und der BRD „nicht nur äußerst tendenziös bei der Behandlung des historischen Materials, sondern machte sie auch nicht halt vor einer direkten Verfälschung der Tatsachen ... In der Regel geben die Verfasser – zwar auf verschiedene Art-haargenau die Argumentation wieder, die mit den offiziellen Veröffentlichungen im Westen übereinstimmten."[96]

Dem Grunde nach ging es fast ausschließlich um Fragen des Status Berlins, der letztendlich von besonderer Bedeutung für das hier behandelte Thema ist.

---

[94] Vgl. Wyssozki, V. Westberlin Moskau 1974 Seite 337.
[95] A. a.O. Seite 9.
[96] Vgl. Wyssozki Seite 11, unter Nennung der Berlin-Bibliographie, (West-)Berlin 1965. S. 12 f.

Nach dem „Mauerbau", dem Vierseitigen Abkommen und der Aufnahme beider deutscher Staaten in die UNO war der Status-Streit längst nicht beendet.

Welche Positionen von beiden Seiten vertreten wurden, zeigt beispielsweise der Streit um inhaltliche Fragen des geographischen Jahrbuchs der UNO, auch nach der Aufnahme beider deutschen Staaten in diese Organisation. Im Schreiben der drei Westmächte, betreffend die Angaben über *Westberlin* vom 01. Mai 1974 an den Generalsekretär der UNO heißt es dort, dass keine Rechtfertigung dafür vorliegt *„den Ostsektor Berlins auf eine Art und Weise zu behandeln, die eine Anerkennung des Anspruchs, er sei die Hauptstadt oder Teil des Territoriums der Deutschen Demokratischen Republik, beinhalten könnte, ein Anspruch, den sie (die drei Westmächte K.E.) nicht akzeptieren". Nach Ansicht der drei Westmächte sei „die unterschiedliche Behandlung des Ostsektors Berlins einerseits und der Westsektoren andererseits nicht gerechtfertigt ... Wir möchten bekräftigen, dass das Recht der Bundesrepublik Deutschland auf die Vertretung der Westsektoren Berlins und der Einwohner mit ständigem Wohnsitz in den Westsektoren Berlins bei internationalen Organisationen und internationalen Kongressen aus Rechten ableiten" die die drei Westmächte „aufgrund ihrer Befugnisse den Westsektoren Berlins seit langem gewährt haben."* [97] ..."*Wir möchten hier erklären, daß unsere drei Regierungen keine Einwände dagegen erheben, daß die Deutsche Demokratische Republik statistische Angaben für den Ostsektor Berlins liefert."*[98]

Dass das „Liefern" auch die Erhebung und Erfassung voraussetzt, sei nur am Rande bemerkt.

Am 14. Juni 1974 erwiderte die Sowjetunion in einer Verbalnote an den UNO-Generalsekretär: *„Nach der bestehenden rechtlichen und ‚de-facto'-Situation ist Berlin die Hauptstadt der Deutschen Demokratischen Republik und stellt einen Bestandteil ihres Territoriums dar. Was die Westsektoren von Berlin angeht, die nicht zur Bundesrepublik gehören, so wird der Rechtsstatus durch die entsprechenden Verträge und Beschlüsse der vier Mächte während des Krieges und in der Nachkriegszeit bestimmt."* Am 19. Juni 1974 betonte die Sowjetunion, dass die BRD keine Partei des Vierseitigen Abkommens ist und „ihre Ausführungen über die ‚Rechte Berlins' im Zusammenhang mit dem ‚Demographischen Jahrbuch der Vereinten Nationen' Ausgabe 1972, keine rechtliche Grundlage (besitzen), sie überschreiten die Zuständigkeiten der Bundesrepublik Deutschland und können nicht zur Kenntnis genommen werden".[99]

---

[97] Dokumente Berlin 1987, Kapitel 21, Seite 411 f.
[98] A. a.O. Seite 412
[99] A. a. O. Seite 413.

Ähnlich verhielt es sich mit den „Arbeitsergebnissen" der Westberliner Stadtreinigung und der Müllabfuhr. Die Schwierigkeiten bei der Wasserversorgung Westberlins konnten nur mit Hilfe der DDR gelöst werden.

In einem Schreiben des Magistrats vom 6.10.1949 heißt es:

„Die Eisenbahndirektion (gemeint ist die Reichsbahn K.E.) *hat zwar ihren Dienstsitz im amerikanisch besetzten Sektor, steht aber so eng unter der Befehlsgewalt und der Aufsicht der von der Sowjetadministration eingesetzten und geleiteten und im sowjetisch besetzten Sektor arbeitenden Deutschen Wirtschaftskommission, daß auch der Bahnbetrieb in den Westsektoren in allen grundsätzlichen und praktischen Fragen völlig von dem Willen der sowjetischen Besatzungsmacht beeinflußt und geregelt wird ..."* Daraus wird gefolgert,*„die Sowjetische Militäradministration und die von ihr instruierte ostzonale Eisenbahnverwaltung ein öffentlich-rechtliches Hoheitsverhältnis, das für die Grundstücke und Betriebsanlagen der Eisenbahn in den Westsektoren eine gewisse Exterritorialität gegenüber den drei westlichen Besatzungsmächten und gegenüber der verfassungsmäßigen deutschen Verwaltung bedeutet".*[101]

Während des Eisenbahnerstreiks[102] im Mai/Juni 1949 wurde der ostdeutschen Bahnpolizei der Einsatz zur Wiederherstellung von Ruhe und Ordnung auf dem Bahngelände in Westberlin gestattet.[103] In einer aktuellen Veröffentlichung[104] wird die „Schlacht um die S-Bahn als propagandistische Grabenkämpfe" charakterisiert, „die in Berlin bis in die siebziger Jahre hinein zwischen Ost und West voller Inbrunst ausgefochten wurden".[105]

4.1 Es gab keine Westberliner Staatsbürger bzw. Staatsangehörige

Als ein Merkmal eines Staates gilt neben dem Hoheitsgebiet (Staatsgebiet, Territorium) die Staatsmacht oder Staatsgewalt sowie der Staatsbürger, der auf diesem Hoheitsgebiet lebt.

---

[101] A.a.O. Seite 537.

[102] Die Beschäftigten der Reichsbahn, die in Westberlin wohnten, erhielten „Ost-Mark" als Lohn. Sie forderten auf Grund der durchgeführten separaten Währungsreform, von der Reichsbahn-Direktion eine Entlohnung in Westmark. Ein Kompromiss wurde dahingehend gefunden, dass der betroffene Personenkreis 60 % ihres Lohnes in Westmark erhielt. In Ostberlin lautete der Slogan zu diesem Streik „UGO-Putsch".

[103] Vgl. a. a.O. Seite 538.

[104] DER SPIEGEL GESCHICHTE BERRLIN Nr. 5/2012

[105] A. a. O. Seite 107

Die Westsektoren, als ein besonderes Gebilde inmitten und auf dem Hoheitsgebiet der DDR, hatten keine Staatsbürger bzw. Staatsangehörige.

Westberlin wurde zwar „außenpolitisch" von der BRD vertreten, hatte aber lediglich Einwohner mit ständigem Wohnsitz in den Westsektoren Berlins. Die Einwohner Westberlins hatten auch nur einen „Vorläufigen Personalausweis".

In der „Vereinbarung zwischen der Regierung der DDR und dem Senat über Erleichterungen und Verbesserungen des Reise- und Besuchsverkehrs" vom 20. Dezember 1971[106] wird bereits in der Präambel „von Personen mit ständigem Wohnsitz in den Westsektoren" gesprochen. Der Artikel 1, für den Gegenstand des Buches von besonderem Interesse, lautet im Absatz 1: *„Personen mit ständigem Wohnsitz in Berlin (West) wird ... die Einreise in die an Berlin (West) grenzenden Gebiete sowie diejenigen Gebiete der Deutschen Demokratischen Republik, die nicht an Berlin (West) grenzen gewährt ..."*

Der Artikel 2 lautet im Absatz 1: „Für die Einreise benötigen Personen mit ständigem Wohnsitz in Berlin (West) ihren gültigen Personalausweis und die Einreisegenehmigung und für die Ausreise die Ausreisegenehmigung der Deutschen Demokratischen Republik. Die erforderlichen Genehmigungen sind bei den zuständigen Organen nach den Bestimmungen der Deutschen Demokratischen Republik zu beantragen."

Im weiteren Text der Vereinbarung wurden u.a. geregelt, dass die Einreise „über die dafür vorgesehenen Grenzübergangsstellen"(GÜST) zu erfolgen hatte. In einem Briefwechsel zwischen dem Ministerrat der DDR und dem Regierenden Bürgermeister von Berlin (West)/Chef der Senatskanzlei wurden die GÜST für die Einreise als Fußgänger bzw. mit Kraftfahrzeugen *vereinbart*.

Bemerkenswert erscheint die Tatsache, dass neben den „innerstädtischen" GÜST auch GÜST zwischen Westberlin und dem angrenzenden Gebiet des Bezirkes Potsdam einbezogen wurde.

Völlig unüblich bei einem Briefwechsel (der zwischen beiden Seiten wörtlich übereinstimmend ist) fügte der Westberliner Senatsdirektor noch hinzu: „Ich gehe davon aus, daß sich die Zahl der Übergangsstellen in der Zukunft nicht vermindert."[107] Dieser Satz ist geprägt vom Misstrauen gegenüber dem Vertragspartner DDR und drückt sicherlich auch die besondere Lage in Westberlin aus. Oder handelte es sich um eine Provokation westlicherseits, die den Abbruch der Verhandlungen erreichen sollte?

---

[106] GBl. Der DDR, Teil II, 1972, Nr. 31 Seiten 357 f.
[107] Dokumente Berlin 1987, Seite 258.

4.2 Wer hatte die Lufthoheit über Westberlin?

Die Lufthoheit über den Westberliner Luftraum hatte die DDR bzw. die sowjetischen Luftstreitkräfte.[108]

Um die Flugsicherheit in den drei Luftkorridoren in Deutschland (Frankfurt a. M.-Berlin; Bückeburg-Berlin und Hamburg-Berlin) und der Kontrollzone Berlin (BCZ) zu gewährleisten gab es Flugvorschriften, die genau definiert waren. So hatte jeder Luftkorridor eine Breite von 32 Kilometern. Die BCZ war definiert als der Luftraum bis in 3000 Meter Höhe in einem Radius von 32 Kilometern vom Alliierten Kontrollratsgebäude, in der sich auch die Luftsicherheitszentrale Berlin befand. Diese Flugvorschriften galten auch in den Flughafen-Verkehrszonen über den Flugplätzen „Adlershof, Dalgow, Elsthal, Gatow, Schönefeld, Schönwalde, Tempelhof und dem neuen französischen Flugplatz in Frohnau (sobald er in Betrieb ist)"[109] unabhängig davon, in welchem Sektor bzw. SBZ/DDR sie sich befanden.

Die Sowjetunion lehnte es ab, „Flugfreiheit über Deutschland, und die Bildung von Sonderdienststellen, auf Vier-Mächte-Basis für die Schaffung und Leitung der zivilen Luftfahrt anderer Nationen" zu gewährleisten.[110]

Den Luftverkehr von und nach Westberlin (die drei Luftkorridore) betreffend, wurde im SPIEGEL u.a. erklärt, „die bislang der Vopo (gemeint ist die Volkspolizei K.E.) entzogene Kontrolle des Luftverkehrs von und nach Westberlin soll dadurch erreicht werden, daß die Westberliner Häfen Tempelhof und Tegel wegen ‚ihrer ungünstigen Lage inmitten dichtbesiedelter Gebiete' geschlossen werden und der Westberliner Flugverkehr über das geographisch unbestritten günstiger liegende DDR-Luftkreuz Schönefeld abgewickelt wird".[111]

Als Beispiele dafür, wie die Lufthoheit über Westberlin umgesetzt wurde, sei der Einsatz von Jagdflugzeugen und das Durchbrechen der Schallmauer über der Westberliner Kongresshalle am 8. April 1965 genannt, in der der Bundestag eine Sitzung abhielt. Der Einsatz der Hubschrauberstaffel der Berliner Stadtkommandantur (SKB) soll in diesem Zusammenhang nicht unerwähnt bleiben.

„Der sowjetische Vertreter in der 4-Mächte-Luftsicherheitszentrale in Westberlin kündigte laut UPI in der Nacht zum 5. April Luftwaffenmanöver in den 3 nach

---

[108] Vgl. hierzu §§ 1, 16, 28, 39, 41 Absatz 2 g) Grenzgesetz vom 25. März 1982. Lehrbuch: Hiemann, Günter Militärische Flugsicherung., Berlin 1987.
[109] Dokumente (Berlin 1962), Dokument 37, Seiten 37 bis 49.
[110] A.a.O. Dokument 38 Seiten 39 bis 59.
[111] Luftverkehr. Vision Schönefeld. Sowjetzone. In: DER SPIEGEL 39/1962

Westberlin führenden Luftkorridoren an. Er erklärte, die Höhen zwischen 1 950 und 3 000 m (das sind die Höhen, in denen sich der gesamte zivile und militärische Berlin-Luftverkehr abwickelt) würden für sowjetische Flugzeuge reserviert. Der Sprecher des US-Staatsdepartments Marshall Wrigh gab laut AD am 6. April dazu bekannt, daß die regelmäßigen Flüge nach Berlin fortgesetzt und die Sperrung der Höhen zwischen 1 950 und 3 000 m nicht beachtet würden .... am 7.April, dem Tag der Bundestagssitzung, unternahmen laut UPI sowjetische oder DDR-Flugzeuge Flüge über Westberlin zum Teil im Tiefflug und in den Luftkorridoren."[112]

Das Archiv der Gegenwart nannte das „Störflüge über Westberlin", das Haus der Kulturen der Welt[113] „Theater am Himmel". Die Protest-Manöver über dem Tagungsort des Bundestages, so will ich sie nennen, stellten eine akute Gefährdung der Berliner Bevölkerung in der Hauptstadt und Westberlins dar. Nach Aussage eines daran beteiligten Piloten der NVA-Luftstreitkräfte wurde nur im Sichtflug knapp über den Häusern geflogen und in unmittelbarer Nähe der Kongresshalle die Schallmauer durchbrochen. Glücklicherweise bewiesen alle Piloten ihr hohes fliegerisches Können, so dass keine Katastrophe eintrat.

Die anschließenden Proteste der drei Westalliierten richteten sich ausschließlich gegen die Störung der Verbindungen nach Westberlin auch in der Luft. Nicht z.B. gegen die Überflüge der NVA-Luftstreitkräfte über Westberlin. Die US-Regierung brachte gegenüber der sowjetischen Regierung zum Ausdruck, „daß sie den Störungen der Landverbindung mit Berlin sofort ein Ende setzt und alle notwendigen Maßnahmen ergreift, um eine Wiederholung zu verhindern. Sie wird die sowjetische Regierung auch für die Sicherheit alliierter Flüge in den Luftkorridoren verantwortlich halten. Diese Flüge werden in Einklang mit den Viermächte-Bestimmungen auf diesem Gebiet fortgesetzt werden."[114]

Die Bundesregierung warnte, wie sollte es auch anders sein, mit möglichen Folgen für dem sogenannten Interzonenhandel. „*Wenn Bundestag und Bundesregierung in Berlin zusammenkommen, erfüllen sie nicht nur einen Auftrag des Grundgesetzes, sondern sie bekunden hier und vor der Welt ihre Entschlossenheit, für alle Deutschen einzustehen. Die Bundesregierung weiß, daß diese Politik nur erfolgreich sein kann in Gemeinschaft mit unseren Verbündeten und Freunden, die wie wir Freiheit und Recht als alleinigen Maßstab ihres Handelns anerkennen ... Recht wird gebrochen, Gewalt gegen Gesetz gesetzt. Solche Machtdemonstrationen beweisen mehr als Worte die wirkliche Lage in Mitteleuropa. Diese Situation ist*

---

[112] Archiv der Gegenwart Deutschland 1949 – 1999, Band 4 Mai 1962-Oktober 1966, Sankt Augustin 2000 Seite 3718.
[113] Anlässlich der Umbenennung der Kongresshalle vor 50 Jahren als Episode 1o „Sowjetische Düsenjäger im Sturzflug auf die Kongresshalle° www.hkw.De/De/hkw/gebäude/50/1965.php
[114] Archiv a. a. O. Seite 3719.

weder neu noch überraschend ... "[115] Man kann der Bundesregierung auch nach Jahrzehnten nur zustimmen, wenn sie die wirkliche (tatsächliche Lage) nicht nur über Westberlin, sondern sogar über Mitteleuropa als weder neu noch überraschend charakterisierte.

Der damalige Bundestagspräsident Eugen Gertemeier meinte, der „Nutzen der Bundestagssitzung in Berlin (sei) größer als der Schaden". Und er wolle diese Sitzungen fortführen. Der Regierende Bürgermeister von Westberlin, Willy Brandt, wollte den Zugang nach Westberlin sogar durch eine neue Behörde regeln lassen. Einige Tage später legten die Westmächte ihr Veto gegen weitere Sitzungen des Bundestages in Westberlin ein. „Nur einige Ausschußsitzungen und die Wahl des Bundespräsidenten fanden fortan noch in West-Berlin statt."[116]

Nach Meinung des Vizekanzlers der BRD sind Flüge von „Hubschrauber(n) der Zonenstreitkräfte im West-Berliner Luftraum…Beeinträchtigungen der Drei-Mächte-Garantie für den ungehinderten Zugang von und nach Berlin".[117]

Wie sensibel auf bestimmte Maßnahmen der DDR in ihrem Luftraum reagiert wurde, soll folgendes Beispiel zeigen: Am 15. Juni 1961 wurde vom Post -und Verkehrsministerium der DDR eine Anordnung über den Flugfunkdienst erlassen.[118] Der Pressereferent des amerikanischen Staatsdepartement erklärte wenige Tage später, dass es völlig klar sei, „*daß die von der sogenannten Deutschen Demokratischen Republik hausausgegebenen Bestimmungen in keiner Weise auf Flugzeuge der Westlichen Alliierten in den Luftkorridoren nach Berlin zutreffen können*".[119]

Es muss wiederholt werden: Die Lufthoheit über den Westberliner Luftraum hatte die DDR bzw. die sowjetischen Luftstreitkräfte.

Wer nach dem Anschluss der DDR vermutet, dass sich nunmehr eine tendenzfreie und objektive Beurteilung durchgesetzt hätte, der irrt. Ein wenig gemäßigter, aber immer noch in der Wortwahl des Kalten Krieges heißt es im Jahre 2012 „Russischbrot und Peitsche. Mit Tricks und Terror sicherte Stalin seine Macht in Berlin" oder „die Schlacht um die S-Bahn" oder „die DDR präsentierte ihr halbes Berlin als Hauptstadt". [120]

---

[115] Ebenda Seite 3719 f.
[116] Anlässlich der Umbenennung a. a. O. Fußnote 104.
[117] Spiegel-Interview mit Vizekanzler Dr. Erich Mende über die Lage in Berlin. „Hubschrauberflüge müssen verhindert werden" Unter Bezugnahme „des neuen Außenministers Otto Winzer über die Lufthoheit des Ost-Berliner Regimes"… In: DER SPIEGEL 27/1965.
[118] GBl. II 1961 Nr. 36.
[119] Archiv der Gegenwart a.a.O. Band 3 Seite 2847.
[120] Vgl. FN. 49, Seite 98, 107, 120, .

„Der Mauerbau, so dramatisch er für die Berliner war, hatte für die westlichen Verbündeten keine große Bedeutung. ‚Besser als ein Krieg'", wird der USA-Präsident Kennedy (*selbstverständlich ohne Quellenangabe*) zitiert. Dieses Zitat steht über einem Foto „Mauerbau an der Zimmerstraße 1961"

An anderer Stelle heißt es dann: *„Im internen Kreis ließ Kennedy sogar Erleichterung darüber erkennen, dass der Osten von einem direkten Vorstoß gegen den freien Teil der Stadt - und damit gegen die Rechte der drei westlichen Siegermächte - abgesehen hatte: ‚Eine Mauer ist verdammt noch mal besser als ein Krieg'."[121]*

4.3 Die Sektorengrenze in Berlin

Einer der übrig gebliebenen kalten Krieger, Ruppert Scholz, auch einmal für ein Jahr Bundesverteidigungsminister (1988/89) wärmt im Handbuch des Staatsrechts[125] zum Berlin-Status alte Phasen, das längst überholte Vokabular wieder auf. Dazu gehört: Fortbestand des Deutschen Reiches; Berlin (West) war keine selbständige politische Einheit; Berlin liegt nicht auf dem Gebiet der SBZ bzw. der DDR; Ostberlin sei souveränitätsrechtlich nicht Hauptstadt der DDR; die Eingliederung von Ostberlin in die DDR sei rechtswidrig und entspricht nicht den alliierten Vereinbarungen.[126]

Im Folgenden soll die Argumentationskette von Scholz, dass mit dem Grenzgesetz der DDR aus dem Jahre 1982 die "Deklarierung der Sektorengrenze als angebliche Staatsgrenze"[127], einer näheren Betrachtung unterzogen werden.

Zunächst ist festzustellen, dass die Sektorengrenze als innerstädtische Grenze zwischen dem Demokratischen Sektor (Hauptstadt der DDR, Ostberlin) und den Westsektoren auch vor dem Inkrafttreten des Grenzgesetzes 1982 existierte.

Scholz beruft sich auf den § 8 Grenzgesetz in Verbindung mit § 1 Buchstabe c) der Grenzverordnung[128].

---

[121] A.a.O. Seite 110 f..

[125] Vgl. Isensee/Kirchhoff a.a.O. Band 1 zweite Auflage, Berlin/Heidelberg 1995. § 9 Seiten 351 bis 383.

[126] Vgl. a.a.O. Seiten 354 f. . 357, 363. 370.

[127] A..a.O. Seite 365.

[128] Scholz a.a.O. bezieht sich auf die Durchführungsverordnung zum Gesetz über die Staatsgrenze der DDR (Grenzverordnung) vom 25. März 1982. In: GBl. Teil I Seite 203.

Sowohl § 8 Grenzgesetz als auch § 1 der Grenzverordnung tragen die Überschrift "Grenzgebiete" bzw. „Bestimmungen für die Grenzgebiete".

Der § 8 Grenzgesetz lautet im Absatz 2: „Innerhalb der Grenzgebiete können je nach den Erfordernissen und unter Berücksichtigung der örtlichen Bedingungen *Schutzstreifen*, Sperrzonen bzw. Grenzzonen mit besonderen Ordnungen festgelegt und Grenzsicherungsanlagen errichtet werden."

§ 1 Absatz 1 c) der Grenzverordnung bestimmt, dass zu Berlin(West) das Grenzgebiet gemäß § 8 Grenzgesetz nur aus dem Schutzstreifen besteht.

Diese staatsrechtlichen Normen haben nichts mit dem Status oder Verlauf der Grenze um Westberlin zu tun.

Auch in diesem Zusammenhang wird wiederholt, dass die Bestimmungen über die Grenzgebiete und damit auch die Errichtung von Grenzsicherungsanlagen eine innere, staatsrechtliche Angelegenheit der DDR waren. Sie beruhten auf den Verfassungsauftrag (insbesondere Artikel 7), dem einschlägigen Grenzgesetz, der Durchführungsverordnung zu diesem Gesetz, der Anordnung über die Ordnung in den Grenzgebieten und den darauf beruhenden Befehlen.[129]

Die Behauptung von Scholz, dass auf Grund der genannten gesetzlichen Bestimmungen aus der Sektorengrenze eine Staatsgrenze wurde, ist schlicht frei erfunden.

Im Grenzgesetz wird in den Schlussbestimmungen eine Anwendungsregel verwandt die besagt, dass die Bestimmungen des Grenzgesetzes „an der Staatsgrenze zu Berlin (West) entsprechend anzuwenden (sind). Bestehende Rechte und Zuständigkeiten in Berlin (West) werden davon nicht berührt."[130]

Dass diese *Anwendungs-Regel* des Grenzgesetzes nun aus der innerstädtischen Sektorengrenze bzw. der Grenze zwischen Westberlin und den Bezirken der DDR eine *Staatsgrenze* zwischen der Hauptstadt der DDR und Westberlin gemacht hat, wird in Frage gestellt, da sich am Status der Hauptstadt und Westberlins (am „Charakter" dieser Grenze) überhaupt nichts änderte.

Fakt bleibt, dass zumindest die Grenzsicherungskräfte der DDR spätestens seit August 1961 davon ausgingen,
eine „Grenze zwischen der DDR und dem demokratischen Berlin";
„zwischen dem demokratischen Berlin und Westberlin"
oder „Grenzen am Außenring von Groß-Berlin und an der Staatsgrenze West"

---

[129] Vgl. auch zu diesem Komplex: Fußnote 2.Die dort angegebenen Literaturangaben belegen, dass in der 41jährigen Geschichte der DDR es logischer Weise Änderungen und Ergänzungen in den Rechtsnormen und Befehlen gab. Hier sind lediglich die zuletzt geltenden Vorschriften genannt.
[130] Grenzgesetz 1982, § 39.

sicherten.[131]

Einen Monat später hieß es dann:

„Staatsgrenze nach Westberlin"

oder „Grenze der Hauptstadt der DDR (Demokratisches Berlin), dem Bezirk Potsdam und Westberlin"[132].

Die hier deutlich gemachten *unterschiedlichen Rechts-Begriffe* für die Grenze um Westberlin belegen, dass auch bei den Verantwortlichen in der Militärführung der DDR offensichtlich keine Klarheit herrschte.

Im Folgenden soll versucht werden, ausgehend vom Rechtsstandpunkt der UdSSR und der DDR, etwas Klarheit in die Probleme zu bringen. Hierbei stütze ich mich vor allem auf die Dokumente zur Deutschlandpolitik[133].

Aus diesen Dokumenten wird ersichtlich, dass es für die BRD keine „Hauptstadt der DDR, Berlin" gab. Es hieß immer „Ostberlin, Ostsektor, Berlin (Ost)". In den Dokumenten z. B. von Treffen mit DDR-Spitzenpolitikern mit ausländischen Spitzenpolitikern wurde immer als Ort Berlin (Ost) angegeben, oder sogar noch im Jahre 1970 SBZ.[134]

4.4 Die Grenze zwischen der Hauptstadt bzw. Westberlin und den Bezirken Potsdam und Frankfurt/Oder

Neben der „innerstädtischen" (Sektoren) Grenze gab es die Grenze zwischen der SBZ/DDR und den *vier* Sektoren.

Groß-Berlin grenzte an die (SBZ/DDR) Kreise Niederbarnim, Beeskow-Storkow, Teltow, Stadtkreis Potsdam und Osthavelland.[135] Später gehörten diese Kreise zum Bezirk Potsdam.

Groß-Berlin wurde ursprünglich mit dem Gesetz vom 18. Juli 1911 geschaffen und durch Gesetz vom 27. April 1920 ergänzt. Im letztgenannten Gesetz wurden 8 Städte (Berlin, Charlottenburg, Köpenick, Lichtenberg, Neukölln, Schöneberg, Spandau und Wilmersdorf), 59 Landgemeinden sowie 27 Gutsbezirke zu Groß-Berlin zusammengefasst und in 20 Stadtbezirke eingeteilt.[136]

---

[131] Vgl. Befehle. Sicherung der Grenze und Aufgaben 2003.

[132] Befehl Staatsgrenze nach Westberlin, 2003. Seite 146 .

[133] Dokumente DzD, 1998; Dokumente DzD 1970-1976.

[134] Vgl. Dokumente DzD 2002,Nr. 128 A Seite 486

[135] Karte von Berlin (1948). Groß-Berlin mit den Verwaltungsbezirken, Ortsteilen und Sektoren. In: Sitzungsprotokolle Magistrat 1999, Bildanhang Seite 1031.

[136] Vgl. Krumholz, Berlin ABC 1969, Seite 282 f.; Preußische Gesetzessammlung 1920, Nr.19.

Im „Londoner Protokoll" vom 12. September 1944 der künftigen Besatzungs-mächte wurden nicht nur die zukünftigen Zonen für ihre Truppen örtlich bestimmt, sondern das *Verwaltungsgebiet* Berlin aufgeteilt:

Zum *sowjetischen Sektor* (nordöstlicher Teil) gehörten die Stadtbezirke Pankow, Prenzlauer Berg, Mitte, Weißensee, Friedrichshain, Lichtenberg, Treptow und Köpenick. Sie bildeten die Hauptstadt der DDR. Diese Stadtbezirke grenzten an die SBZ-Kreise Niederbarnim, Beeskow-Storkow und Teltow, dem späteren Bezirk Potsdam.

Zum *(US)-amerikanischen Sektor* (südlicher Teil) gehörten die Stadtbezirke Zehlendorf, Steglitz, Schöneberg, Kreuzberg, Tempelhof und Neukölln. Er grenze an die SBZ-Kreise Teltow, Stadtkreis Potsdam und Osthavelland ebenfalls dem späteren Bezirk Potsdam

Den *britischen Sektor* (nordwestlicher Teil) bildeten die Stadtbezirke Reinickendorf, Wedding, Tiergarten, Charlottenburg, Spandau und Wilmersdorf.

Wegen des Beitritts Frankreichs am 01. Mai 1945 zum „Londoner Protokoll" wurde es geändert. Die Stadtbezirke Reinickendorf und Wedding aus dem britischen Sektor herausgelöst und zum *französischen Sektor*. gehörten die Stadtbezirke Wedding und Reinickendorf, die an die SBZ Kreise Osthavelland und Niederbarnim grenzten.

Vom Berliner Rathaus (sowjetischer Sektor) wurde ein Radius von 10, 15, 20 und 25 km berechnet.[137] Er diente dazu, die territoriale Gliederung von Groß-Berlin und die Abgrenzung des Einflussgebietes deutlich zu machen.
Das Zentrum der ringförmig um dieses Zentrum gelegene Bereich (sogenannte wilhelminische Wohnstadt) mit dichter Wohnbebauung und teilweisen Cityfunktionen sowie vorwiegend mittlere Industrie; der locker bebaute Außenraum mit Ballung der Großindustrie sowie land- und forstwirtschaftlicher Flächen; die Randzone Berlins; und schließlich die direkte Einflußzone außerhalb des Lokalverkehrs.[138]

Anfang Juli 1945 zogen die westlichen Besatzungstruppen in Berlin (West) ein und stellten damit im Wesentlichen den Zustand her, den das Londoner Protokoll vom 12. September 1944[141] vorsah.

---

[137] Vgl. Karte von Berlin (1948) a.a.O.
[138] Vgl. Zimm, Alfred Westberlin. Der Industriestandort Westberlin unter den Bedingungen der Frontstadt. Eine politisch-geographische Charakteristik, Berlin 1961, Seite 15 ff. mit 27 Karten.
[141] Protokoll, Londoner Protokoll, 2004.

Die Legende vom *Tausch,* Besatzungsgebiete in Mecklenburg, Thüringen und Sachsen gegen die Besetzung der Westsektoren in Berlin bleibt, mild formuliert, eine Legende.

In einer „Weisung der Vereinigten Stabschefs an General Eisenhower genehmigt durch Präsident Truman am 3. Juni 1945" heißt es ausdrücklich: „*Die Räumung fremder Zonen darf nicht als Vorbedingung für die Errichtung des Kontrollrats und die Übergabe der Berliner Sektoren anerkannt werden. Sollten die Russen den Punkt zur Sprache bringen, müssen Sie den Standpunkt einnehmen, daß die Räumung der fremden Zonen zu den vom Kontrollrat zu behandelnden Fragen gehört. Hinsichtlich der praktischen Durchführung des Abzugs der amerikanischen Streitkräfte müssen Sie vorbringen, daß diese Ihres Erachtens in erster Linier ein militärisches Problem darstellt und erst erfolgen kann, wenn die amerikanischen Truppen technisch dazu in der Lage sind und britische und russische Truppen die Übernahme der geräumten Gebiete zu bewerkstelligen vermögen:*"[142]

Beim Stricken der Legende vom Tausch wird der Briefwechsel Stalin/Truman von Juni 1945 einfach ignoriert, aus dem hervorgeht, dass sowohl die sowjetischen wie die US-amerikanischen Truppen umfangreiche militär-technische und terminliche Probleme hatten, die Truppenverlegung, die bereits im Londoner Protokoll vereinbart und damit voraussehbar war, umzusetzen. Stalin wies z. B. darauf hin, dass Marschall Shukow zu einer Sitzung des Obersten Sowjets geladen war und eine Parade am 24.Juni 1945 vorbereiten und an ihr teilnehmen sollte. „*Überdies sind einige Berliner Bezirke noch nicht frei von Minen, die Minenräumung kann auch nicht vor Ende Juni beendet werden.*"[143]

Es ist sicherlich keine Spekulation, wenn hier die Minenräumung in den künftigen Westsektoren gemeint war.

Der britische Feldmarschall Montgomery verwies auf eine Vereinbarung, dass „die Räumungen (Thüringens, Sachsens und des westlichen Teils von Mecklenburg) am 1. Juli (1945 K.E.)beginnen sollten (und) … ihre Sektoren in Berlin übernehmen, und das Gros der Besatzungstruppen sollte am 4. Juli folgen …"

Noch im Jahre 1995 kann man nachlesen, dass die „Räumung Sachsen, Thüringens und von Teilen Mecklenburgs durch die USA und Großbritanniens und Übergabe an die Sowjets im Austausch für die Besetzung der drei westlichen Sektoren Berlins durch Truppen der drei Westmächte" erfolgte.[144] Obwohl das Londoner Protokoll vom September 1944 über die Besatzungs*verwaltung* Groß-

---

[142] Dokumente (Berlin 1965) Dokument 14, Seite 15/13:

[143] Ebenda.

[144] Außenpolitik BRD a a. O. Seite 15.

Berlins im SMAD-Handbuch und die Sektorenaufteilung korrekt wiedergegeben ist, wird der *Tausch* gegen Gebiete der SBZ wiederholt.

Am Rande soll nicht unbemerkt bleiben, dass auch der hier verwendete Begriff „Besatzungsverwaltung" wohl kaum den Bestimmungen des Londoner Protokolls gerecht wird, dessen Titel bekanntlich beinhaltet „über die Besatzungszonen in Deutschland und die *Verwaltung* von Groß-Berlin."

„Am 11. Juli 1945 konstituierte sich als gemeinsames interalliiertes Besatzungsorgan die *Alliierte Kommandantur der Stadt Berlin*, die ähnlich wie der Alliierte Kontrollrat auf der Grundlage einstimmiger Beschlüsse aller vier Besatzungsmächte arbeitete."[145] Nach Gründung der SED im Jahre 1946, „ließ die Alliierte Kommandantur *in ganz Berlin* SED und SPD zu."[146] Die Wahl Ernst Reuters 1947 zum Oberbürgermeister von *Groß-Berlin* im Jahre 1947 scheiterte am Veto des sowjetischen Vertreters.[147] „Anläßlich der westdeutschen Währungsreform eskalierte der Konflikt, als mit dem SMAD-Befehl Nr. 111 vom 23. Juni 1948, ohne Rücksicht auf die Rechtsbefugnisse der Alliierten Kommandantur, die Währungsreform in der SBZ auch für das Gebiet von Groß-Berlin verfügt wurde und der SMAD-Chef Marschall Sokolowski die gemeinsame Viermächteverwaltung von Berlin für beendet erklärte."[148]

Zum Letztgenannten folgendes: In einem Satz werden die *westdeutsche Währungsreform, die Rechtsbefugnisse der Alliierten, die Währungsreform in der SBZ sowie die Beendigung der Viermächteverwaltung* in einen Topf geschmissen und geschüttelt und heraus kommt dann unmittelbar und übergangslos: „Am 23. Juni 1948 (also einen Tag später! K.E.) führten die Westmächte die D-Mark auch in den Westsektoren als gesetzliches Zahlungsmittel ein, woraufhin die SMAD die Verkehrsverbindungen zwischen Westdeutschland und West-Berlin auf dem Wasser und zu Lande vom 24. Juni 1948 bis 12. Mai 1949 unterbrach."[149]

Das wird dann in den folgenden Jahrzehnten unter den Stichworten „Berliner Blockade"; „Unterbrechung der Verbindungen Westberlin-BRD"; „Luftbrücke" abgehandelt.

Bei der Aufteilung der Berliner Flugplätze zwischen Besatzungsmächten wurden noch einige Änderungen des Verlaufes der Demarkationslinien, zwischen den Besatzungstruppen durch Gebietsaustausch, vorgenommen.

Mit Beschluss des Kontrollrates vom 30. August 1945 wurden im Bereich des Flughafens Gatow, die außerhalb der Berliner Stadtgrenze gelegenen Ortsteile

---

[145] SMAD-Handbuch. Die Sowjetische Militäradmistration in Deutschland 1945-1949. München 2009 Seite 520.
[146] A. a. O. Seite 521. (Hervorhebung- K.E.)
[147] Vgl. ebenda.
[148] Ebenda.
[149] Ebenda.

Groß-Glienicke-Ost und Weinmeister Höhe (auch Seeburger Zipfel genannt) dem britischen Sektor zuerkannt, der zum britischen Sektor gehörende Teil von Staaken wurde zum damaligen sowjetischen "Interesssengebiet" erklärt.

Da die angegebenen Teile des Flughafens sich außerhalb der Stadtgrenze Berlins, also in der sowjetischen Besatzungszone befanden, wurde ohne formellen Akt (auf dem kleinen Dienstweg) das Gebiet Groß-Glienicke-Ost und Weinmeister Höhe den Westsektoren hinzugerechnet. Damit war gewährleistet, dass der Flughafen Gatow überhaupt genutzt werden konnte.

Der westliche Teil von Staaken, der bis Februar 1951 demzufolge eine Sonderstellung einnahm, wurde zunächst der Verwaltung des Magistrats von Groß-Berlin und später der Verwaltung des Bezirkes Potsdam unterstellt.[150]

Die Ortschaft Stolpe gehörte bis zum 3. Januar 1949 zum französischen Sektor, wurde später in den Bezirk Potsdam eingegliedert.

Diese Beispiele beweisen, dass es zwischen den Besatzungsmächten Abmachungen gab, die allein aus Gründen der Zweckmäßigkeit und militärischen Notwendigkeit zu Änderungen der Sektorengrenzen führten.

Am 30. August 1945, verabschiedete der Alliierte Kontrollrat in Berlin seine Proklamation Nr. 1 in der es u.a. heißt:

„Alle Militärgesetze, Proklamationen, Befehle, Verordnungen, Bekanntmachungen, Vorschriften und Direktiven, die von den betreffenden Oberbefehlshabern oder in ihrem Namen für ihre Besatzungszonen herausgegeben wurden, verbleiben auch weiterhin in diesen ihren Besatzungszonen in Kraft.

Unterzeichnet ist dieses Dokument von „Dwight D. Eisenhower, General der Armee; Briant Robertson, Generalleutnant; Georgi Shukow, Marschall der Sowjetunion; Louis Koeltz, General."[151]

Damit wurde eindeutig ausgesagt, dass auch der Befehl Nr. 1 von Bersarin seine volle Gültigkeit behielt.

Im SMAD-Handbuch werden die sowjetischen „Vertreter in den Komitees der Alliierten Kommandantur der Stadt Berlin" benannt. Im Einzelnen handelt es sich um Wohnungsbau, Kultur, Bildung und Religion, Elektrizität, Finanzen, Ernährung, Brennstoffe, Arbeitskraft, Rechtswesen, Kommunalangelegenheiten, Schöne Künste, Personal und Entnazifizierung, Vermögenskontrolle, Verbindungen, Gesundheitswesen, Öffentliche Sicherheit, Kommunalwirtschaft,

---

[150] Es ist nicht bekannt, ob ein Austausch der Liegenschaftsunterlagen zwischen der DDR und dem Senat von Berlin (West) über diese Gebiete Staaken und Gatow stattfand.
[151] Proklamation Nr. 1, 1959 Seite 62. Vgl. ebenfalls Vierseitiges Abkommen Viermächte Abkommen, 1973. Präambel, Teil I Ziffer 4.

Handel und Industrie, Transport, Sozialfürsorge und Flüchtlinge sowie um den sowjetischen Leiter des Inter-Alliierten Gefängnisses, das sich in Spandau (Westberlin) befand..[152]

Ein Beispiel: Im Handbuch der SMAD wird auf *elf Kreiskommandanturen* in *Ost-Berlin* verwiesen. In der entsprechen Fußnote heißt es aber mit Hinweis auf ein Verzeichnis vom 7. Februar 1947 *Stadt Berlin* und einer Quelle des Staatsarchivs der Russischen Förderation in Moskau[153], dass der. SMAD-Befehl Nr. 0060 vom 17. November 1949 vermerkte, dass „alle *acht im sowjetischen Sektor* bestehenden Stadtteil-Kommandanturen" anders unterstellt wurden.[154] Der Chef der Garnison und der sowjetische Militärkommandant waren immer für die *Stadt Berlin* zuständig.[155]
Hier handelt es sich nicht um juristische Kleinigkeiten oder Nebensächlichkeiten, sondern um Grundpositionen in der Berlin-Frage, die offensichtlich bewusst manipuliert werden!

Ein anderes Beispiel soll verdeutlichen, dass offenbar auch von östlicher Seite ein Viermächtestatus für „Gesamtberlin"[156] beachtet wurde.
Bis Oktober 1976 bestanden an der „Stadtgrenze der Hauptstadt Berlin" zu den Bezirken Potsdam und Frankfurt/Oder insgesamt 23 Kontrollpassierpunkte (KPP), die ständig oder zeitweilig von den zuständigen Organen der der UdSSR/DDR besetzt waren. Diese KPP wurden nach 1945 durch die Sowjetarmee eingerichtet.
Ihre Aufgabe bestand z.B. darin, bestimmte Personen entsprechend der Rechtsordnung der DDR zu kontrollieren und ihre Weiterfahrt in die DDR zu unterbinden. Seit 1. Dezember 1955 übte die Deutsche Volkspolizei die Bewachung und Kontrolle am Außenring von Groß-Berlin aus.[157] .
Die Abschaffung der KPP stand „im Zusammenhang mit Schritten zur Beseitigung von Überresten des ehemaligen ‚Viermächte-Status von Berlin'. Diese Maßnahme diente der weiteren Festigung der Stellung der Hauptstadt Berlin als untrennbarer Bestandteil der DDR. Damit sollte einem angeblichen Sonderstatus für die Hauptstadt der DDR" entgegengewirkt werden.
Der Außenminister der DDR wurde beauftragt, die sowjetische Seite über die

---

[152] Vgl. SMAD-Handbuch a. a. O. Seite 526.

[153] A. a. O. Seite 571, Fußnote 51

[154] A.a.O. Seite 525.

[155] Vgl. ebenda.

[156] Diesem Beispiel steht entgegen, dass es Praxis auch in der Sowjetunion war, dass z.B. die Einfahrt nach Moskau oder Leningrad durch KPP kontrolliert wurde.

[157] Vgl. Vorlage für das Politbüro der SED. Berlin (Ost), 26. Oktober 1976. Anlagen 1 und 2. Anhang Zwei. In Dokumente (DzD 1975/76) Dokument Nr. 244, 244 A, 244 B, 244 C. Seiten 845 bis 850.

Festlegung des Politbüros zu informieren.[158]

Der Gebietsbestand von Groß - Berlin wurde im "Gesetz über die Bildung einer neuen Stadtgemeinde vom 27. April 1920"[161] festgeschrieben.

Acht Stadtgemeinden, 59 Landgemeinden und 27 Gutsbezirke gehörten dazu.

Durch § 14 in Verbindung mit Anlage 2 dieses Gesetzes wurde Groß-Berlin in zwanzig Verwaltungsbezirke eingeteilt, die mit einigen Grenzänderungen (hauptsächlich im Jahre 1936) ihre Gültigkeit hatten und auch die Grundlage für die Sektoreneinteilung durch die vier Alliierten gemäß Londoner Protokoll vom 12.September 1944 bildeten.

Groß-Berlin war bis zum Ende des 2. Weltkrieges Reichshauptstadt und Preußische Hauptstadt.

Die Abschaffung der KPP stand "im Zusammenhang mit Schritten zur Beseitigung *„Heute bin ich zum Chef der Besatzung und zum Stadtkommandanten von Berlin (gemeint ist selbstverständlich auch im Folgenden immer: Gesamtberlin ! K.E.) ernannt worden. Die gesamte administrative und politische Macht geht laut Bevollmächtigung des Kommandos der Roten Armee in meine Hände über. In jedem Stadtbezirk (!) werden gemäß der früher existierenden administrativen Einteilung militärische Bezirks- und Revierkommandanturen eingesetzt. Ich befehle: Die Bevölkerung der Stadt (!) hat volle Ordnung zu bewahren und an ihren Wohnsitzen zu verbleiben ... Binnen 72 Stunden haben sich ebenfalls alle in der Stadt Berlin (!) verbliebenen Angehörigen der deutschen Wehrmacht, der SS und der SA zwecks Registrierung zu melden ... Alle (!) kommunalen Betriebe wie Kraft- und Wasserwerke, Kanalisation, städtische Verkehrsmittel (Untergrund- und Hochbahn, Straßenbahn und Trollybus) alle (!) Heilanstalten; alle (!) Lebensmittelgeschäfte und Bäckereien haben ihre Arbeit zur Versorgung der Bevölkerung wieder aufzunehmen ... Die Bevölkerung der Stadt (!) wird gewarnt, daß sie ihr feindseliges Verhalten gegenüber Angehörigen der Roten Armee und alliierter Truppen die Verantwortung gemäß den Gesetzen der Kriegszeit träg t..."*

Bersarin erklärte sich demnach zur obersten Besatzungsmacht für das *gesamte Berlin (Groß-Berlin)*.

In der „Deklaration in Anbetracht der Niederlage Deutschlands und der Übernahme höchster Autorität hinsichtlich Deutschlands durch die Regierungen des Vereinigten Königreichs, der Vereinigten Staaten von Amerika, der Union der Sozialistischen Sowjetrepubliken und durch die Provisorische Regierung der Französischen Republik", Berlin vom 05. Juni 1945, heißt es in der Präambel: Die genannten Regierungen „werden später die Grenzen Deutschlands oder irgendeines Teiles

---

[158] A. a. O. Seite 846.
[161] Preußische Gesetzsammlung 1920, Nr. 19.

Deutschlands und die rechtlichen Stellung Deutschlands oder irgendeines Gebietes, das gegenwärtig einen Teil deutschen Gebietes bildet, festlegen."[162]

Anfang Juli 1945 zogen die westlichen Besatzungstruppen in Berlin (West) ein und stellten damit im Wesentlichen den Zustand her, den das Londoner Protokoll vom 12. September 1944[163] vorsah.

Es soll nicht vergessen werden, dass beide deutsche Staaten miteinander Kontakt hielten und gerade zur Verbesserung der Versorgungs- und der Verkehrssituation von Westberlin eine Reihe von Vorschlägen erarbeiteten. Im „Briefwechsel" zwischen Generalsekretär Honecker und Bundeskanzler Schmidt vom September 1974 ging es z.B. um die Öffnung des Teltowkanals, Verbesserung der Eisenbahnverbindungen von und nach Westberlin, Ausbau der Autobahn Berlin-Marienborn, Bau der Autobahn Hamburg-Berlin, Stromlieferungen nach Westberlin.

5 Der Status Berlins nach alliierten Vereinbarungen bis 1971

Gemäß der Beschlüsse und Befehle der Alliierten wurde die Oberhoheit (Verwaltung) in Gesamtberlin von ihnen wahrgenommen.

Für den Gebietsbestand und den Verlauf der Grenzen einschließlich der drei Westsektoren zwischen den drei Alliierten hatte das keine Bedeutung.

Zumindest für den Zeitraum bis zur Gründung der DDR waren die Sektorengrenzen, unabhängig zwischen welcher der Besatzungstruppen sie verliefen, grundsätzlich auch militärische Demarkationslinien zwischen den Sektoren der vier Besatzungsmächte. Diese Grenzen verliefen so, wie sie sich aus dem Londoner Protokoll vom 12. September 1944 ergeben. Dort hieß es bereits im Titel über die „*Verwaltung von ‚Groß-Berlin*".

Das Berliner Gebiet (unter welchem Ausdruck das Territorium Groß-Berlin, wie im Gesetz vom 27. April 1920 definiert, zu verstehen ist)[169] wird gemeinsam von den bewaffneten Streitkräften der USA, des UK und der UdSSR, die durch die entsprechenden Oberkommandierenden dazu bestimmt werden, besetzt.

---

[162] Ebenda Seite 26.
[163] a. O.
[169] In: Preußische Gesetzessammlung, 1920, Nr. 19, Seite 123 bis 150.

„Zu diesem Zweck wird das Gebiet von Groß-Berlin in folgende drei Teile geteilt: *Nordöstlicher Teil Groß-Berlins* (Bezirke Pankow, Prenzlauer Berg, Mitte, Weißensee, Friedrichshain, Lichtenberg, Treptow, Köpenick) wird besetzt von den Streitkräften der UdSSR;

Nordwestlicher Teil Groß-Berlins (Bezirke Reinickendorf, Wedding, Tiergarten, Charlottenburg, Spandau, Wilmersdorf) wird besetzt von den Streitkräften der …

Südlicher Teil Groß-Berlins (Bezirke Zehlendorf, Steglitz, Schöneberg, Kreuzberg, Tempelhof, Neukölln) wird besetzt von den Streitkräften der… Die Grenzen der Bezirke innerhalb Groß-Berlins, auf die in den vorhergehenden Beschreibungen Bezug genommen wurde, sind diejenigen, die auf Grund des am 27. März 1938 veröffentlichten Erlasses (Amtsblatt der Reichshauptstadt Berlin Nr. 13 vom 27. März 1938, Seite 215) wirksam wurden."[170]

Am 14. November 1944 wurde das Londoner Protokoll dergestalt ergänzt, dass für Groß-Berlin noch ein französischer Sektor eingeführt wurde.

Einer der Unterzeichner der Ergänzungen des Londoner Protokolls beschrieb die Situation im Sommer 1945:
„Deutschland (war) tatsächlich in vier Besatzungszonen mit Berlin als fünfter Zone unter Viermächtekontrolle zerstückelt."[171]

Der Briefwechsel des Außenministers der DDR Dr. Lothar Bolz und des Stellvertreters des Außenministers der UdSSR W. Sorin vom 20. September 1955[172] ist für den behandelten Gegenstand so bedeutungsvoll, dass sein gesamter Wortlaut hier wiedergegeben wird:

„ Werter Genosse Stellvertreter des Ministers!

Die Regierung der Deutschen Demokratischen Republik hat mich beauftragt, zu bestätigen daß im Ergebnis der in Moskau vom 17. bis 20. September 1955 geführten Verhandlungen zwischen der Regierung der Deutschen Demokratischen Republik und der Regierung der Sowjetunion über folgendes Übereinstimmung erzielt worden ist:

1. Die Deutsche Demokratische Republik übt die Bewachung und Kontrolle an den Grenzen der Demokratischen Republik, an der Demarkationslinie[173] zwischen der Deutschen Demokratischen Republik und der deutschen Bundesrepublik,

---

[170] Mitdank, Joachim Berlin zwischen Ost und West. Erinnerungen eines Diplomaten, Berlin 2004, Dokument 1 Seite 245 f.
[171]Mosely, Philipp E. Die Friedenspläne der Alliierten und die Aufteilung Deutschlands. Die alliierten Verhandlungen von Jalta und Potsdam. In: Europa Archiv 1950 Heft 10 Seiten 3032 bis 3043.
[172] Dokumentensammlung Beziehungen DDR/UdSSR, 1975. Zweiter Halbband, Seiten 996-998.
[173] Von Interesse dürfte sein, dass im Jahre 1955 für die Staatsgrenze DDR/BRD auch durch die DDR noch der Begriff der „Demarkationslinie" verwandt wurde.

am Außenring von Groß-Berlin, in Berlin sowie auf den im Gebiet der Deutschen Demokratischen Republik liegenden Verbindungswegen zwischen der Deutschen Bundesrepublik und Westberlin aus.

In Ausübung der Bewachung und Kontrolle auf den im Gebiet der Deutschen Demokratischen Republik liegenden Verbindungswegen zwischen der deutschen Bundesrepublik und Westberlin wird die Deutsche Demokratische Republik mit den entsprechenden Behörden der deutschen Bundesrepublik die Regelung aller Fragen gewährleisten, die mit dem Eisenbahn-, Kraftfahrzeug-, Schiffstransitverkehr der deutschen Bundesrepublik oder Westberlins, ihrer Bürger oder Bewohner sowie der ausländischen Staaten und ihrer Bürger, außer dem Personal und den Gütern der Truppen der USA, Englands und Frankreichs in Westberlin, worüber nachfolgend in Punkt 2 des vorliegenden Briefes die Rede ist, zusammenhängen. In Übereinstimmung mit dem oben Gesagten werden die Funktionen der Ausgabe und Abfertigung von Schiffspapieren für die Schiffahrt auf den Binnenwasserstraßen der Deutschen Demokratischen Republik u. dgl. vollständig von den Behörden der Deutschen Demokratischen Republik ausgeübt.

2. Die Kontrolle des Verkehrs von Truppenpersonal und Gütern der in Westberlin stationierten Garnisonen Frankreichs, Englands und der USA zwischen der deutschen Bundesrepublik und Westberlin wird zeitweilig bis zur Vereinbarung ines entsprechenden Abkommens vom Kommando der Gruppe der sowjetischen Truppen in Deutschland ausgeübt.

Dabei wird der Verkehr des Truppenpersonals und der Güter der Garnisonen der drei Westmächte in Westberlin auf der Grundlage der bestehenden Viermächtebeschlüsse zugelassen

    a) auf der Autobahn Berlin-Marienborn,
    b) auf der Eisenbahnlinie Berlin-Helmstedt, bei Zurückführung des leeren Transportraumes auf der Eisenbahnlinie Berlin-Oebisfelde,
    c) auf den Luftkorridoren Berlin - Hamburg, Berlin - Bückeburg und Berlin und Berlin - Frankfurt am Main.

Dr. Lothar Bolz "

Wenn behauptet wird, dass es keine ausdrücklichen Vereinbarungen aus den Jahren 1944 und 1945 über „den Zugang nach Berlin durch das sowjetische Besatzungsgebiet" gegeben hätte,[174] dann bleibt die Frage unbeantwortet, warum die unter a) bis c) genannten Verbindungswege im Briefwechsel Bolz/Sorin von den drei Westmächten respektiert wurden.

---

[174] Zusammenfassende Übersetzung der amerikanischen Vertretung in Berlin über das 13. Berlin-Gespräch der Botschafter der Vier Mächte 19. Januar 1971. In: Dokumente DzD VI/2 (1971/1972; Bahr-Kohl Gespräche 1970-73, Nr. 7 Seite 61 Anmerkung 3.

Bekanntlich wurde Berlin zum Sitz des Alliierten Kontrollrates bestimmt. Der Alliierte Kontrollrat bestand aus den vier Oberbefehlshabern, die ihre Beschlüsse nur einstimmig fassen konnten.[175] „Der Raum von Groß-Berlin" wurde von den Streitkräften der vier Staaten besetzt. „Zur gemeinsamen Verwaltung" wurde eine Interalliierte Kommandantur eingesetzt".[176]

Die Ziele der Besetzung Deutschlands, in den Grenzen, wie sie am 31.12.1937 bestanden, wurden bereits in der Erklärung von Jalta und im Potsdamer (Berliner) Abkommen festgelegt.

Dort hieß es:

„Der deutsche Militarismus und Nazismus werden ausgerottet, und die Alliierten treffen nach gegenseitiger Vereinbarung in der Gegenwart und in der Zukunft auch andere Maßnahmen, die notwendig sind, damit Deutschland niemals mehr seine Nachbarn oder die Erhaltung des Friedens in der ganzen Welt bedrohen kann."[177]

Durch die Beteiligung der Westalliierten an der Besetzung und Verwaltung Berlins (ähnlich wie in Wien) wurde die Gleichberechtigung aller an der Besetzung Deutschlands sowie die Einheit bei der Verwirklichung der Ziele symbolisiert.

Die Verwaltung der Stadt und die Stationierung von Truppen der drei Westalliierten (und anderer)[178] im Zentrum der SBZ war untrennbar mit der Funktionsfähigkeit des Kontrollrates verbunden.

Westberlin wurde vor allem (als) kapitalistische Enklave, eine Art Insel, ein Fremdkörper inmitten der DDR, seitens der sowjetischen Besatzungsmacht charakterisiert.[179] "Westberlin ist ein Sondergebilde mit einem besonderen Status, das nicht irgendeinem anderen Staat angehört und das unter Besatzungsregime steht …"[180]

Damit wurde natürlich auch ausgesagt, dass Westberlin nicht Bestandteil der DDR war!

Westberlin „diese eingemauerte Halbstadt und Insel des westlichen Welt im kommunistischen Meer. Die Trennung wurde dort hautnah erlebt. Das Bedürfnis nach kleinen Öffnungen in der Mauer, Verbesserungen auf den Zugangswegen und

---

[175] Vgl. Berliner Konferenz, SWA-Verlag Berlin 1946, Seite 32.

[176] Ebenda Seite 32 f.

[177] A.a.O. Seite 7 f.

[178] Das waren: Australien, Belgien, Dänemark, Griechenland, Holland, Indien, Jugoslawien, Kanada, Luxemburg, Norwegen und Südafrika, die jeweils durch Militärmissionen in Berlin (West) vertreten waren. Vgl. Schreiben des Hohen Kommissars der UdSSR in Deutschland an den Ministerpräsidenten der DDR. Berlin, 15. April 1954. In: Dokumentensammlung Beziehungen DDR/ UdSSR, 1975 Seite 660 f.

[179] Vgl. Wyssozki, a. a. O. Seite 10.

[180] Ebenda.

der Sicherung der Lebensfähigkeit der Stadt waren dort ungleich stärker ausgeprägt als bei den meisten Westdeutschen, für die das andere Deutschland zusehends fernerlag und deren Blick sich vorrangig nach Westen richtete.[181]

Stoph (Ministerpräsident der DDR) erklärte: „Westberlin wurde bezeichnenderweise als ‚Pfahl im Fleische der DDR' charakterisiert. Ja, noch mehr: Westberlin wurde zur Frontstadt erklärt und als ‚billigste Atombombe' bezeichnet. Das waren keine Floskeln, das war eine Politik …"[182]

Unter Berufung auf den ehemaligen Regierenden Bürgermeister Diepgen charakterisiert Rott[183] *im Jahre 2009 Westberlin als „Halbstadt inmitten der DDR als eines der merkwürdigsten politischen Gebilde des 20. Jahrhunderts, das mit all seinen Eigenheiten oft die Grenzen des Bizarren streifte … .West-Berlin war neben Bundesrepublik und DDR ein drittes Deutschland, wurde aber als solches kaum erkannt, geschweige denn benannt. Nichts sollte der in der DDR üblichen Bezeichnung von West-Berlin als ‚besondere politische Einheit' Vorschub leisten, mit der die SED staatsrechtliche Konsequenzen verband. Stattdessen wurde eine Identität mit der Bundesrepublik angestrebt oder behauptet und gar von einer ‚Halbinsel' West-Berlin gesprochen."*

Marschall Shukow erläuterte: *„Die Zentrale Militärkommandantur schuf in allen 20 Stadtbezirken Berlins Bezirksmilitärkommandanturen, in denen sowjetische Offiziere, in erster Linie Wirtschaftsspezialisten, Ingenieure und Techniker, arbeiteten."*[184] Voller Ironie wird angemerkt: Sicher hat sich der Sowjetmarschall in der Zahl 20 (alle Berliner Bezirke) geirrt.

Während der „Konferenz von Vertretern der Alliierten Oberkommandos vom 7. Juli 1945 über die gemeinsame Verwaltung Berlins" verlangte Marschall Shukow laut „Berliner Zeitung" vom 9. Juli 1945 „von den Westmächten die Versorgung der von ihnen besetzten Westsektoren, da sich die sowjetische Besatzungsmacht nicht länger in der Lage sähe, die West-Berliner Zivilbevölkerung zu ernähren".[185] Mit besonderer Aufmerksamkeit sollte beachtet werden, dass es sich hier um eine Konferenz von *Vertretern der Alliierten Oberkommandos*, nicht um den Alliierten Kontrollrat handelte. Am Beispiel der Ernährung der Westberliner Bevölkerung wird verdeutlicht, dass die Sowjets für Gesamtberlin die Verantwortung trugen.

---

[181] Potthoff, Heinrich Bonn und Ost-Berlin 1969 bis 1982. Dialog auf Höchster Ebene und vertrauliche Kanäle Darstellung und Dokumente, Bonn 1997, Seite 92.

[182] Ebender während des Treffens mit Brandt vom 19. März 1970 in Erfurt. In: Potthoff Dialog, 1997. Seite 143.

[183] Rott, Westberlin Seite 7 f.

[184] Shukow, G. K. Erinnerungen und Gedanken Band II, Berlin 1976 Seite 366.

[185] Dokumente (Berlin 1962), Dokument 16, Seite 14/**16**, Anmerkungen zum Dokument Seite 545

In den Memoiren Montgomerys heißt es z.B., dass die Russen nur dann aus dem britischen Sektor abzögen, wenn die Engländer für die Ernährung der 900 000 in dem Sektor wohnenden Deutschen die Verantwortung übernähmen. Ähnliche Forderungen stellten sie auch den Amerikanern für ihren Sektor.[186]

Nicht unbeachtlich ist auch, dass die „gemeinsame *Verwaltung* Berlins" Zug um Zug in eine „gemeinsame *Verantwortung* für Groß-Berlin" umfunktioniert wurde.[187] Das liest sich im Weiteren folgendermaßen: „Die sowjetischen Versuche, mit Hilfe der Viermächteverwaltung ihren Einfluß auf ganz Berlin zu erhalten und zu stärken, waren sowohl an der Festigkeit der Westmächte als auch am Freiheitswillen der Berliner gescheitert."[188]

Ohne konkrete Tatsachen und Zeitpunkte zu benennen wird behauptet, dass gezielte Indiskretionen der Sowjets über vertrauliche Sitzungen der Alliierten Kommandantur dazu dienten, die Politik der Westmächte zu diffamieren.[189]

6 Berlin war "Hauptstadt im Zonendeutschland"[191]

„Ganz Berlin, d.h. auch das damalige Westberlin, gehörte nach den Vereinbarungen der Antihitlerkoalition rechtens zur sowjetischen Besatzungszone. Die Teilnahme von Streitkräften der drei Westmächte an der Besetzung und *Verwaltung* Berlins, dem Sitz des Alliierten Kontrollrates, änderte an dieser Rechtslage nichts, sondern bestärkte sie. Der Alliierte Kontrollrat bestätigte im Februar 1947, daß Berlin die Hauptstadt der sowjetischen Besatzungszone ist".[192]

Berlin war Hauptstadt der DDR, genauso wie Bonn die Hauptstadt der BRD war.

Als einzige realistische Grundlage musste gelten: Es gibt die Hauptstadt der DDR und das besondere Gebilde Westberlin. Es gab keine Besatzungsrechte in Bezug auf die Hauptstadt der DDR. Wenn es Gespräche gibt, dann werden diese nur hinsichtlich Westberlins geführt.[195]

---

[186] Vgl. ebenda.

[187] Vgl. z.B. Krumholz (Berlin-ABC, 1969) „Viermächteverwaltung" Seite 700.

[188] Ebenda.

[189] Ebenda

[191] Schlegelmilch, Arthur; Hauptstadt im Zonendeutschland. Die Entstehung der Berliner Nachkriegsdemokratie 1945-1949, Schriften der Historischen Kommission zu Berlin, Band 4, Berlin 1993.Der Titel sagt (fast) alles!

[192] Internes Informationsmaterial zum Recht der Volkskammerabgeordneten der Hauptstadt der DDR auf gleichberechtigte Teilnahme an der Arbeit der Volkskammer und zur rechtswidrigen Forderung nach Stimmrecht für Westberliner im westdeutschen Bundestag (24. November 1969). In: DzD 2002 Dokument Nr. 29 A Seite 80.

[195] Vgl. Information der sowjetischen Regierung über ein Gespräch des Botschafters Abrassimow mit dem Regierenden Bürgermeister von Berlin Schütz vom 7. Oktober 1970. In: DzD 2002, Dokument Nr. 198 Seite 781.

Auf die Formulierungen der "Vorläufigen Verfassung" für Westberlin wird nochmals verwiesen.[196]

In einem sehr vertrauensvollen, in jeder Phase sachlichen und angenehmen Gespräch[197] zwischen Bahr und Falin im August 1970 verwies der sowjetische Vertreter Falin darauf *„daß es zwei Kontrollratsbeschlüsse aus dem Jahre 1946 und 1947 gebe, in denen Berlin, und zwar ganz Berlin, als Hauptstadt Brandenburgs bzw. der SBZ bezeichnet wird. Insofern sei die Regierung in Ost-Berlin legal, während man West-Berlin, ohne daß ihm irgend jemand bisher hätte eine Rechtsgrundlage sagen können, losgerissen und zu etwas Eigenem gemacht worden sei."* Bahr erwiderte daraufhin, *„daß uns eine solche Diskussion nicht weiterführen wird. Hier sei es an der SU, von der wirklichen Lage auszugehen. Die sei so: Wer West-Berlin antastet, spielt mit dem Krieg ....* Falin sagte: *Man sei auf sowjetischer Seite mit den Überlegungen noch nicht zu Ende, aber denke daran, eine Art Garantieerklärung für West-Berlin zu geben, die auch die SU binden werde und klarmache, daß die DDR keine Ansprüche auf West-Berlin erheben könnte"* [198]

Der Magistrat von Groß-Berlin hatte seinen Sitz im Stadtbezirk Mitte (sowjetischer Sektor). Er fasste seine Beschlüsse auch für die Westsektoren. Einige Beispiele sollen das verdeutlichen:

Während der Magistratssitzung am 2. Februar 1946 teilte Karl Maron (Erster Stellvertreter des Oberbürgermeisters) mit: „Bei einigen Mitgliedern der alliierten Besatzungsbehörden besteht die Auffassung, daß Berlin in Zukunft sowohl aus politischen wie aus wirtschaftlichen Gründen nicht mehr als Hauptstadt Deutschlands in Frage kommen würde. In diesem Zusammenhang hiermit wurde gewünscht, daß die Magistratsmitglieder einmal mitteilen möchten, wie sie sich die Weiterentwicklung Berlins vorstellen ... In der Hauptsache wird es sich darum handeln, die Bedeutung herauszustellen, die Berlin als Verkehrsmittelpunkt nicht nur Deutschlands, sondern Europas hat, ferner seine Stellung in wirtschaftlicher und industrieller Hinsicht sowie in bezug auf den Handel und drittens seine Stellung in geistiger Hinsicht."[199]

---

[196] Vgl. Sitzungsprotokolle Magistrat, 1999, Seite 31 f, , 883 Anmerkung 51 f. *Anmerkung:* Die Sitzungsprotokolle umfassen 1160 Seiten
[197] Vgl. Vermerk des Staatssekretärs im Bundeskanzleramt Bahr über Gespräche mit dem Abteilungsleiter im sowjetischen Außenministerium Falin 5./7. August 1970. In: DzD 2002, Dokument Nr. 177 Seite 696

[198] A.a.O. Seite 695.
[199] Sitzungsprotokole a.a.O. Seite 150.

In einem Expose von Katz, 25. Juni 1946, wird von einer Interzonentagung der Landesplaner berichtet und die "einstimmige Erklärung" hervorgehoben, das „Berlin als Reichshauptstadt" anzusehen[200] sei.

Die Lieferungen aus den Besatzungszonen an Roh- und Baumaterialien zum Teil auch von Lebensmitteln „kamen häufig nur den ‚zugehörigen' Berliner Sektoren zugute oder wurden schwerpunktmäßig zugeteilt".[202] Daraus ergab sich beispielsweise: Lieferungen aus der amerikanischen Besatzungszone kamen weitgehend nur dem amerikanischen Sektor in Berlin zugute.

Im Bericht Marons in der Vorstandssitzung des Landesverbands Groß-Berlin der SED vom 16. August 1946 heißt es: „Wir stehen im Moment vor der Gefahr der Zerreißung Berlins in 4 Sektoren. Der Zeitung ‚Der Morgen' vom 15.8.46 können wir entnehmen, daß die amerikanische Behörde den Industriebetrieben in ihrem Sektor verbietet, für andere Sektoren zu arbeiten."[203]

Während der Magistratssitzung am 4. März 1946 wurden die Richtlinien zur Behandlung von Rechtsstreitigkeiten der Stadt Berlin behandelt. Durch die Rechtsabteilung wurde darauf hingewiesen, dass im britischen und amerikanischen Sektor es jedem Einwohner möglich sei, „gegen jede Verfügung des Bezirksamtes das Verwaltungsstreitverfahren" zu eröffnen.[204]

Obwohl die meisten Denkmäler aus der Zeit des Faschismus bereits im April 1946 entfernt waren, wurde in einer Magistratsvorlage (Nr. 233 vom 26. April 1946) eine Liste I über 43 Denkmäler erstellt, „die abzutragen und zu vernichten sind". Diese Liste enthielt neben Denkmalen im sowjetischen Sektor eine Vielzahl in den drei Westsektoren, im Tiergarten, Spandau, Charlottenburg, Friedenau, Britz, Rudow, Reichssportfeld.[205]

Von 35.000 cbm Kalk, die nach Berlin kamen, sind im Sowjetischen Sektor 21.000 cbm, im amerikanischen Sektor 8.000 cbm, im britischen Sektor 8.000 cbm und im Französischen Sektor 2.000 cbm geblieben. "Erstrebt wird eine gleichmäßige Verteilung aller Baumaterialien über ganz Berlin. Bisher ist das leider noch nicht gelungen."[206] Die Verteilung von Beerenobst erfolgte über alle vier Sektoren. Wegen der beschränkten Menge nur an Kinder bis 18 Jahre. „erstmalig sind alle Bezirke bis auf Wedding…(französischer Sektor) versorgt worden".[207]

„Für die Wiederherstellung der „Bahnstrecke Gleisdreieck-Bülowstraße

---

[200] Vgl. a.a.O. Seite 580.
[202] Sitzungsprotokolle Magistrat 1999. Einleitung Seite 4.
[203] A. a. O. Seite 721.
[204] A. a. O. 233.
[205] Vgl. a. a. O., Seite 388 bis 394.
[206] Sitzungsprotokolle Magistrat 1999 Seite 595.
[207] A. a. O. Seite 618. Die Erläuterungen in Klammern, um welche Sektoren es sich handelt, sind vom Autor.

Wittenbergplatz" (in Westberlin)   wurde der erforderliche Zement bereitgestellt."
Der Omnibus 34 fährt jetzt wieder bis Kladow. (amerikanischer Sektor). Der
Dampferverkehr auf dem Wannsee (amerikanischer Sektor) mußte eingestellt
werden."[208]

Während der Magistratssitzung vom 27. Juli 1946 wurde vor der Tagesordnung ein
"Vortrag über den Plan einer Großsiedlung in Zehlendorf" (amerikanischer Sektor)
von Paul Eschert angehört.[209]

Der Magistrat hat am 31. August 1946 beschlossen, das Renaissance Theater
Bezirk Charlottenburg (britischer Sektor) wieder als städtisches Theater zu
betreiben.[210]

Es ging in der Magistratssitzung vom 21. September 1946 u.a. um die
Bereitstellung von Lkw für die "Fahrbereitschaft Ernährung". Neben den 1142
Lkw. die von der Roten Armee zur Verfügung gestellt und mit 2 Millionen bezahlt
wurden, sind inzwischen im "englischen Sektor bereits 3000 fabrikneue
Lastkraftwagen eingeführt worden, und im amerikanischen Sektor beginne man
auch schon mit der Einfuhr".[211]

Während der Magistratssitzung am 28. September 1946 ist Oberstleutnant Minder
von der britischen Militärregierung anwesend.[212]

Dem Abschluss eines Vertrages für eine Trümmerverwertungsanlage mit einer
Firma Schleswiger Ufer (Bezirk Tiergarten, britischer Sektor) wird zugestimmt.[213]

Die Magistratssitzung vom 5. Oktober 1946 erörtert u.a. eine Verordnung über die
"Organisation der Pflichtfeuerwehr im Stadtgebiet von Groß-Berlin". Der
Oberbranddirektor beklagt z.B., dass es in Wannsee (amerikanischen Sektor) nicht
gelungen sei, eine freiwillige Feuerwehr zu bilden.[214]

In einem Brief des Hauptfrauenausschusses beim Magistrat an die *vier*
Stadtkommandanten wurde darauf hingewiesen, dass die Kinder nur dann die
Schule besuchen können, wenn sie bekleidungsmäßig dazu in der Lage wären.
Durch den sowjetischen Stadtkommandanten Kotikow wurden durch Befehl die
Weisung erteilt, 60.000 Paar Schuhe, 26.000 Mäntel und 20.000 Hosen zur
Verfügung zu stellen. Durch den Magistrat ist versucht worden, "auch die anderen
Besatzungsmächte zu ähnlichen Maßnahmen zu veranlassen".[215]

---

[208] A. a. O. Seite 657.
[209] A. a. O. Seite 660.
[210] A. a. O. Seite 783.
[211] A.a.O. Seite 849.
[212] Vgl. a. a.O. Seite 861 f.
[213] Vgl. a.a.O. Seite 855 f.
[214] Vgl. Sitzungsprotokolle Magistrat 1999 Seite 878.
[215] A.a.O. Seite 880.

Im Magistrat gab es eine Diskussion darüber, welche finanziellen Mittel für Volksbüchereien und Lesehallen zur Verfügung zu stellen sind. "Heute entfallen für diese Zwecke in Wedding (französischer Sektor) 38 Pfg. auf den Kopf der Bevölkerung, in Neukölln (amerikanischer Sektor) 47 Pfg., in Prenzlauer Berg (sowjetischer Sektor) 43 Pfg., in Tiergarten (britischer Sektor) 79 Pfg. , in Wilmersdorf (britischer Sektor) 54 Pfg. Dasselbe Bild zeigt sich bei den Volkshochschulen. Ein kleiner Bezirk wie Steglitz (amerikanischer Sektor) erhält für diesen Zweck eben so viel wie zum Beispiel der stark bevölkerte Bezirk Friedrichshain (sowjetischer Sektor)."[216]

Die separatistische Einstellung des Bezirks Zehlendorf (amerikanischer Sektor) wurde während einer Magistratssitzung am 07. Januar 1946 beklagt, weil dort „ein zentrales Kartoffellager errichtet" wurde.[217]

Bei der Wiederherstellung zerstörter Brücken wurde z.B. der Spandauer Schifffahrtsweg mit Ausnahme der Unterspree sowie der Landwehrkanal in Charlottenburg (britischer Sektor) für den Schiffsverkehr und als Vorfluter instand gesetzt.[218]

Teilbebauung des Tegeler Schießplatzes und des Tegeler Fließes.[219] (Bezirk Reinickendorf, französischer Sektor) wurde beschlossen.

Die gesamte Verkehrsplanung (Wasserstraßen, Straßen, U-und S-Bahn) wurde vom Magistrat einheitlich für Groß-Berlin vorgenommen.[220]

Aus einem statistischen Dokument[221], erschienen 1949 wird u.a. dokumentiert, daß am 14. Mai 1945 die ersten U-Bahnstrecken in Neukölln (amerikanischer Sektor) und am 6.Juni 1945 die erste S-Bahn- Strecke Wannsee-Schöneberg (ebenfalls amerikanischer Sektor) wieder in Betrieb genommen.[222]

Am 18. Mai 1946 wurde der Vollring der S-Bahn, der alle Sektoren durchfuhr, wieder in Betrieb genommen.[223]

Die Aufteilung der Fläche der Verwaltungsbezirke und Ortsteile nach Wohnbevölkerung und nach Benutzungsart (bebaute Flächen, Straßen und Plätze,

---

[216] A.a.O. Seite 905.

[217] A.a.O. Seite 60.f

[218] Vgl. a. a. O. Seite 63.

[219] A.a.O. Seite 71.

[220] Vgl. Moest, Walter Der Zehlendorfer Plan. Ein Vorschlag zum Wiederaufbau Berlins. Bericht über das Ergebnis der Untersuchung des Berlin Verkehrs durch die Außenstelle Zehlendorf des Hauptamtes für Planung in der Abteilung Bau und Wohnungswesen des Magistrats von Groß-Berlin, Tempelhof 1947.

[221] Berlin in Zahlen 1946 1947, herausgegeben vom Hauptamt für Statistik und Wahlen des Magistrats von Groß-Berlin, Berlin c2, Liebknechtstr.25. Erste Auflage Berlin 1949.

[222] Vgl. a.a.O. Seite 22.

[223] Vgl. a. a. O Seite 23

Naturschutzgebiete, Naturdenkmale u.a.) wurde unabhängig davon, in welchem Sektor sie sich befanden, statistisch erfaßt.[224] Das betraf auch die „anwesende Bevölkerung" z.B. nach Altersgruppen, Familienstand, Staatsangehörigkeit, Religionszugehörigkeit, Berufstätigkeit, Arbeitslose nach Altersgruppen.[225]. Selbst der Viehbestand und der Bestand an Hunden wurde sektorenübergreifend erfaßt. Im französischen Sektor waren es 4 351.[226]

Selbstverständlich wurden auch die „Strafsachen vor den Amtsgerichten 1946 und 1947" nach Mitteilungen des Kammergerichts sektorenübergreifend erfasst.[227]

Die Staatsanwaltschaft und das Stadtgericht trugen bis zum Ende der DDR als Zusatzbezeichnung „von Groß-Berlin".

Die Binnenwasserstraßen-Verkehrsordnung galt für Groß-Berlin.[228]

In einer „Botschaft der Alliierten Kommandanten der Stadt Berlin an die Stadtverordnetenversammlung"[229] hieß es, dass der von den *vier Alliierten* ernannte und eingesetzte Magistrat "auf ehrliche und gewissenhafte Weise seine Aufgaben erfüllt hat, die darin bestanden, in einer durch die Kriegsereignisse zertrümmerten Stadt Ordnung zu schaffen, die Wiederbelebung der Stadt in die Wege zu leiten, unter ungünstigen Verhältnissen die gleichmäßige Zufuhr von Nahrungsmitteln und Brennstoff für die Berliner Bevölkerung zu organisieren sowie die Demokratisierung und Entnazifizierung der Verwaltung und der öffentlichen und wirtschaftlichen Einrichtungen der Stadt durchzuführen. Auf der Grundlage des bisher Geleisteten können nunmehr die Neugewählten entwickeln."[230]

Diese wenigen ausgewählten Beispiele verdeutlichen, dass das gesamte Berlin (Groß-Berlin), unabhängig von seiner Zugehörigkeit zu welchen der vier Sektoren, vom Magistrat (Groß-Berlins) regiert wurde und auch das Umland (SBZ bzw. DDR) bestimmte Zuständigkeiten hatte und diese behielt.

Mit der Spaltung der Stadt veränderte sich auch die Umlandsituation, „indem das Umland der Hauptstadt der DDR durch die Raumwirkung Westberlins eine untypische halbkreisförmige Gestalt bekommen hat und somit das Territorium der Hauptstadt nur im Norden, Osten und Süden umgibt. Westberlin wiederum existiert

---

[224] Vgl. a. a. O. Seit e 28 bis41.

[225] Vgl. a.a.O. Seite 55 bis 87.

[226] Vgl. a. a. . Seite 235

[227] Vgl. a.a.O. Seite 388 bis 400.

[228] Binnenwasserstraßen - Verkehrsordnung Binnenwasserstraßen in Berlin, 1970 II. Teil (märkische Wasserstraßen) Sonderbestimmungen für einzelne Binnenwasserstraßen Abschnitt IV S 95 enthielt in „c) Innerberliner Wasserstraßen".

[229] BK / O (46) 428 vom 25.11.1946. In: Sitzungsprotokolle Magistrat 1999, Seite 998, 1062.

[230] Sitzungsprotokolle Magistrat 1999, Seite 998 Anmerkung 18.

mit der Anomalie, eine Großstadt völlig ohne Umland zu sein."[231] Die Berliner Elektrizitätswerke (BEWAG), Berliner Gaswerke (GASAG), Berliner Wasserwerke, Stadtentwässerung, Straßenreinigung und Müllabfuhr, Müll- und Abwasserverwertung, Berliner Feuerwehr, Städtische Vieh- und Schlachthöfe, Berliner Markthallen, Berliner Hafen- und Lagerhausbetriebe (Behala), das Berliner Ausstellungswesen sowie alle Nahverkehrsmittel (S-Bahn, U-Bahn, Straßenbahn und Bus) wirkten, entsprechend ihrer Aufgaben, über Gesamtberlin. Obwohl die Viermächteverwaltung für Gesamtberlin im Wesentlichen nur bis 1948 funktionierte, bestand zwischen den vier Besatzungsmächten darin Übereinstimmung, dass die Betriebsführung für den gesamten Eisenbahnverkehr in und um Berlin der Verwaltung der Deutschen Reichsbahn (DDR) übertragen wurde.[232]

In einer Bekanntmachung vom 12. August 1961[233] hieß es: Der direkte S-Bahn-Verkehr zwischen den Randgebieten der DDR und Westberlin, zwischen den S-Bahnhöfen Pankow (DDR) - Gesundbrunnen (Westberlin), Schönhauser Allee (DDR) - Gesundbrunnen, Treptower Park (DDR) - Sonnenallee (Westberlin), Baumschulenweg (DDR) - Kölnische Heide (Westberlin) wurde eingestellt. Die S–Bahn-Züge der Nord-Süd-Bahn, zwischen Frohnau und Lichterfelde, Heiligensee und Lichtenrade, Gesundbrunnen und Wannsee über Schöneberg (alles Westberlin) halten im demokratischen Berlin nur am unteren Bahnsteig des Bahnhofs Friedrichstraße.

Auf dem Streckennetz der Berliner U-Bahn wurde u.a. festgelegt: „Die Züge der U-Bahn-Linie D durchfahren das demokratische Berlin ohne Halt."

Die Fahrgastschifffahrt zwischen den Havelseen und dem Osten Berlins, die über Westberlin führte, wurde eingestellt.

Diese Bekanntmachung beweist, dass bis zu den Maßnahmen vom 13. August 1961 der innerstädtische Verkehr für Gesamtberlin, unabhängig von der Grenze, funktionstüchtig war.

Selbst die Wasserstraßen Gesamtberlins wurden zunächst vom Wasserstraßenamt Berlin und ab 1951 vom Wasserstraßenhauptamt Berlins nicht nur verwaltet, sondern auch schiffbar gemacht. Bis Anfang der 50er Jahre wurden Brückentrümmer von 68 Brücken beseitigt, 80 Schiffswracks geborgen und vor allem die Munitionsbergung und Baggerungen zur Gewährleistung der Tauchtiefe durchgeführt.

---

[231] Zimm, Alfred (Herausgeber)   Berlin und sein Umland. Eine geographische Monographie. Gotha 1989.
[232] Vgl. Fricke, Hans/Ritzau, Hans-Joachim Die innerdeutsche Grenze und der Schienenverkehr. Fünfte Auflage, Pürgen 09/2004, Seite 131.
[233] Bekanntmachung des Ministeriums für Verkehrswesen der DDR 12.8.1961.

Die Spaltung Berlins hatte „nichts am Rechtsstatus der Zuständigkeit des Wasserstraßenhauptamtes Berlin (DDR) für die ehemaligen Reichswasserstraßen" in Westberlin geändert.[234]

Erst das Sechste Überleitungsgesetz vom 25. September *1990 (!)* ermöglichte, dass Bundesrecht, das in Westberlin auf Grund alliierter Vorbehaltsrechte bisher nicht galt "eingeführt" wurde. Damit war es z.B. möglich, dass die in Berlin (West) gelegenen Wasserstraßen durch Rechtsverordnung zu *Bundes*wasserstraßen erklärt werden konnten.[235]

Ohne auf weitere Details einzugehen: Es handelt sich hier offensichtlich um eine "kalte Enteignung" der noch existierenden DDR! Zum Inkrafttreten hieß es: "Dieses Gesetz tritt in dem Zeitpunkt in Kraft, in dem die alliierten Vorbehaltsrechte in bezug auf Berlin fortfallen oder suspendiert werden".[236]

Um noch den Rechtsstandpunkt der BRD in bezug auf Berlin (West) zu „bekräftigen", wurde das Auswärtige Amt, das bisher in Westberlin auf Grund der Alliierten Vorbehaltsrechte keine Befugnisse ausüben durfte, für den Zeitpunkt des Inkrafttretens im Bundesgesetzblatt, für zuständig erklärt.[237] Der Kalte Krieg wurde auch hier bis zum letzten Tag der Existenz der DDR fortgeführt.

Das Gesetz trat mit Anschluss der DDR am 3. Oktober 1990 in Kraft.[238]

7.Das Vierseitige Abkommen vom 3. September 1971

Dieses Abkommen, ist ein Vertragswerk, das zwischen der Sowjetunion einerseits und den USA, Großbritannien und Frankreich andererseits abgeschlossen wurde. Im *eigentlichen* Sinne war es ein Vertrag zwischen Ost (Sowjetunion und der DDR[247]) und West (Westalliierten, BRD und Westberlin).

Anzumerken bleibt, dass beide deutsche Staaten und Westberlin im rechtlichen Sinne keine Vertragspartner waren.

Auch diese Verhandlungen über Berlin wurden auf einer geheimen und einer offiziellen Ebene zwischen der Sowjetunion und den USA, die sehr kompliziert

---

[234] Uhlemann, Hans-Joachim Berlin und die Märkischen Wasserstraßen. Berlin 1987.
[235] Vgl. Gesetz Überleitung, 1990 § 2 Absatz 7.
[236] Ebenda § 5 Absatz 1.
[237] Ebenda Absatz 2.
[238] Bekanntmachung vom 3. 10.1990. In: BGBl. I Seite 2153.
[247] Auf die Rolle der DDR wurde an anderer Stelle bereits eingegangen.

waren, geführt. Die USA „mußten bei den Berlin-Verhandlungen nicht nur mit der Sowjetunion fertig werden, sondern hatten es auch auf unserer Seite mit Großbritannien und Frankreich als Besatzungsmächten, der Bundesrepublik Deutschland als dem am meisten interessierten Verbündeten und der Regierung von West-Berlin zu tun … Darüber hinaus waren diese Verhandlungen schon seit Jahren durch ein Tauziehen um formaljuristische Fragen belastet. Es gab kaum ein Thema, von der vorschriftsgemäßen Form eines Stempels auf einem Pass bis zum völkerrechtlichen Status der ganzen Stadt, über das in den 50er und 60er Jahren nicht mit der Sowjetunion gefeilscht worden wäre. Jede Initiative mußte eine unübersehbare Vielzahl juristischer Formulierungen berücksichtigen, die man während dieser Zeit gefunden hatte …“[248]

Der damalige Außerminister der USA, Henry A. Kissinger, bemerkte, dass die westliche Verhandlungsposition die Verbindungen betreffend, „zunächst durchaus ungünstig" waren. „Westberliner durften nicht nach Ost-Berlin reisen. Es gab keine Telefonverbindung zwischen beiden Teilen der Stadt. Der Zivilverkehr auf Straßen und Schienen wurde von der DDR kontrolliert …Technisch lief der Militärverkehr über eine von den Sowjets kontrollierte Abfertigungsstelle, aber auch das war eine Fiktion, denn in Wirklichkeit wurden die Schranken von einer ostdeutschen Wache bedient…[249]

Besondere Aufmerksamkeit wurde der „Frage der Terminologie" gewidmet. Kissinger bezeichnet das als *formaljuristische Fragen.*

Es sei Egon Bahrs genialem Einfall zu danken, dass vorgeschlagen und verwirklicht wurde, dass beide Seiten darauf verzichten „ihre Positionen juristisch zu rechtfertigen, und stattdessen versuchen, ihre praktischen Verantwortlichkeiten und Verpflichtungen darzustellen".[250] Die Formeln, dass die Vereinbarungen und Beschlüsse der Vier „nicht berührt werden", die „bestehende Lage in dem betreffenden Gebiet", „unbeschadet ihrer Rechtspositionen" wurden so geboren.

Bereits in der Präambel hieß es „unter Berücksichtigung der bestehenden Lage in dem betreffenden Gebiet; unbeschadet ihrer Rechtspositionen" wurde dieses Abkommen geschlossen.

Überdeutlich wurde mit dieser Formel, dass die *bestehende Lage,*(d.h. die konkrete Situation in Gesamtberlin), das *betreffende Gebiet* (jede Vertragspartei verstand darunter ein anderes Gebiet) sowie *unbeschadet ihrer Rechtspositionen,* (d.h. die unterschiedlichen Rechtstandpunkte blieben bestehen).

---

[248] Kissinger, Henry a.a.O. Berlinverhandlungen Seite 875.
[249] Kissinger a. a.O. Seite 875 f.
[250] A. a. O. Seite 880.

In den „Allgemeinen Bestimmungen" wurden die Grundsätze des Abbaus der Spannungen und die friedlichen Methoden der Streitbeilegung entsprechend der UNO-Charta formuliert. Die „individuellen und gemeinsamen Rechte und Verantwortlichkeiten" der vier Besetzungsmächte sollten unverändert bleiben" und waren „gegenseitig (zu) achten." Schließlich wurde Übereinstimmung dahingehend erzielt, „daß ungeachtet der Unterschiede in den Rechtsauffassungen die Lage, die sich in diesem Gebiet entwickelt hat und wie sie in diesem Abkommen sowie in den anderen Abkommen genannten Vereinbarungen definiert ist, nicht einseitig verändert wird.".

Mit dieser Formel wurde eindeutig klargestellt, dass die Vereinbarungen und Beschlüsse der vier Mächte aus der Zeit des zweiten Weltkrieges und der Nachkriegszeit in dem „betreffenden Gebiet" nicht berührt wurden und praktische Fragen gelöst, die unbeschadet der unterschiedlichen Rechtsstandpunkte den Status von Westberlin begründet haben.[251]

Es wurde der Standpunkt seitens der DDR vertreten, dass allein Westberlin dem Besatzungsstatut untersteht.

Die Westberliner- und BRD-Seite vertrat den Standpunkt, dass die *Bindungen** Westberlins zur BRD eine eigene Völkerrechtssubjektivität Westberlins als "Freie Stadt" oder als „selbständige politische Einheit" ausschlössen.

Geschuldet der damaligen Situation wurden den sogenannten Folgeverhandlungen zum Vierseitigen Abkommen, dem Transitabkommen [252] sowie der Vereinbarung über Reise und Besucherverkehr[253] mehr Aufmerksamkeit geschenkt, als den Gebietsaustauschen.

Entsprechend des Themas sollen im Folgenden nur jene Probleme behandelt werden, die offensichtlich im Zusammenhang mit den Grenzen in und um Berlin stehen bzw. zu bringen sind. .

Was ist nun das „betreffende Gebiet" im Sinne der allgemeinen Bestimmungen des Vierseitigen Abkommens?

Für diese Problematik liegen widersprüchliche Erklärungen vor:

---

[251] Vgl. Präambel und Teil I

[252] Abkommen zwischen der Regierung der DDR und der Regierung der BRD über den Transitverkehr von zivilen Personen und Gütern zwischen der BRD und Berlin (West) (Transitabkommen) vom 17. Dezember 1971mit Anlage und Protokollvermerke. In: Völkerrecht Dokumente ,1980 Teil 3, (Nr. 91) Seite 756.

[253] Vereinbarung zwischen der Regierung der DDR und dem Senat über Erleichterungen und Verbesserungen des Reise- und Besucherverkehrs vom 20. Dezember 1971. In: Völkerrecht Dokumente , 1980 Teil 3, (Nr. 92) Seite 766.

Am 12. September 1971 erklärte der sowjetischen Botschafter Abrassimow, dass das sozialistische Berlin niemals Gegenstand der Verhandlungen gewesen sei.[254]

Der US-amerikanische Botschafter Rush erklärte am 22. September 1971, dass das Abkommen sich auf ganz Berlin erstrecke und nicht nur auf die Westsektoren. Er räumte ein, dass sich die Bestimmungen eines Teiles des Abkommens nur auf die Westsektoren bezögen (Teil II), führte aber aus, dass die Präambel und Teil I ganz Berlin beträfen.[255]

Diese Äußerungen, die gleichzeitig die Rechtsstandpunkte[256] beider Seiten verdeutlichen, haben keine Auswirkung auf den Verlauf der Grenzen in und um Berlin.

In Anlage III heißt es:

„1. Die Kommunikation zwischen den Westsektoren Berlins und Gebieten, die an diese Sektoren grenzen, sowie denjenigen Gebieten der Deutschen Demokratischen Republik, die nicht an diese Sektoren grenzen, werden verbessert werden."

Wie ist das zu verstehen?

Die Sektorengrenzen zwischen den Westsektoren sind hier nicht von Interesse.

Die Grenzen der Westsektoren „und Gebieten, die an diese Sektoren grenzen", ist eine Umschreibung der Grenze, die von der DDR als Staatsgrenze zu Westberlin bezeichnet wurde. Auch: innerstädtische Grenze, Grenze zwischen dem Demokratischen Sektor und Westberlin und Ähnliches.

Da es sich hier um die Verbesserung der Kommunikation handelte, und eine direkte Kommunikation Westberlin-DDR nur über die Regierung der DDR erfolgte, mußte alles über die Hauptstadt über die innerstädtische Stadtgrenze verlaufen. Das wurde damit umschrieben, „sowie denjenigen Gebieten der" DDR, „die nicht an diese Sektoren grenzen".

Zwischen den Westsektoren und der DDR gab es nur jene Verbindungswege, die im Briefwechsel bei Bolz /Sorin näher beschrieben wurden:

- die Autobahn Berlin - Marienborn,
- die Eisenbahnlinien Berlin - Helmstedt bzw. Berlin - Oebisfelde,
- Die Luftkorridore Berlin - Hamburg, Berlin - Bückeburg und Berlin - Frankfurt am Main.

---

[254] Ebender: Tageszeitung Neues Deutschland vom 13. September 1971 Seite 2.
[255] Vgl. Zivier, a.a.O. Seite 125.
[256] Im Rechtswörterbuch Creifelds fehlt eine Definition dieses Begriffes.

Die vier Regierungen einigten sich nach Verhandlungen, die 16 Monate und 27 Tage dauerten,[258] darauf, dass die Lage, die sich „in diesem Gebiet" entwickelt hat, nicht einseitig geändert wird.

Berlin blieb also Hauptstadt der DDR. Die Westsektoren hatten Verbindungen oder Bindungen zur BRD, die historisch entstanden waren.

Bisher galten als Grundlage die Verantwortlichkeiten und der entsprechenden Vereinbarungen der vier Mächte aus der Kriegs- und Nachkriegszeit.

Es ging demnach um die Zeitspanne vom „Londoner Protokoll" (September 1944) bis zum Inkrafttreten des Vierseitigen Abkommens (3. Juni 1972).

Die konkreten Regelungen des Vierseitigen Abkommens, die Westsektoren betreffend, sind in Anlage II vereinbart worden und beinhalten u.a., dass die Bestimmungen des Grundgesetzes für die BRD "und der in den Westsektoren Berlins in Kraft befindlichen Verfassung, und die zu dem Vorstehenden in Widerspruch stehen, sind suspendiert worden und auch weiterhin nicht in Kraft sind.

Der Bundespräsident, die Bundesregierung, die Bundesversammlung, der Bundesrat und der Bundestag einschließlich ihrer Ausschüsse und Fraktionen, sowie sonstige staatliche Organe der BRD „werden in den Westsektoren Berlins keine Verfassungs- oder Amtsakte vornehmen, die im Widerspruch" zur Feststellung stehen, dass die Westsektoren wie bisher kein Bestandteil der BRD sind und nicht von ihr regiert werden.

Als Verfassungs- oder Amtsakt waren anzusehen. „Handlungen zur Ausübung unmittelbarer staatlicher Gewalt über die Westsektoren von Berlin"[259].

Durch das Vierseitige Abkommen wurde der Rechtsstatus Westberlins nicht geregelt. Es enthielt aber die hier wichtigste (auch als Kernsatz bezeichnete) Formel, dass Westberlin *„wie bisher"* kein Bestandteil (konstitutiver Teil) der BRD war und auch weiterhin nicht von ihr regiert werden durfte. (Teil II B).

Nach Zeitungsberichten wünschte die Sowjetunion eine Erklärung, dass Westberlin kein Teil der BRD sei, während die Westmächte ursprünglich nur zusichern wollten, dass es sich nicht um ein Land der BRD handele.[260]

Daraus wurde folgerichtig abgeleitet, dass Westberlin nicht „voll gültig in die Verfassungsorganisation der Bundesrepublik einbezogen wurde und daher nicht die gleiche Rechtstellung habe wie die anderen Bundesländer … Der Umfang der

---

[258] Wyssoski a.a.O. Seite 217.
[259] Ebenda und Schreiben der drei Botschafter an den Bundeskanzler der BRD betreffend die Auslegung der Anl. II.
[260] Vgl. Zivier, a. a. O. Seite 132.; Tagesspiegel vom 17. September 1971.

zulässigen Bindungen zwischen dem Bund und Berlin (sei) durch die speziellen Vorschriften des Vertragswerkes und die bisherige Praxis weitgehend festgelegt …"[261]

Wie sind die Worte „wie bisher" und „weiterhin" im Teil II B zu interpretieren?

Alle Zugeständnisse und Einschränkungen die die Westsektoren und die BRD betrafen, blieben „wie bisher" bestehen. Das Fortbestehen der originären Rechte und Einschränkungen (z.B. die Verbindungswege, Flugverkehr, Militärmissionen und Militärverbindungsmissionen) der Westmächte für ihren Aufenthalt in Westberlin blieben gültig.

Bis zum Abschluss des Vierseitigen Abkommens waren etwa 19.000 Bundesbeamte und Bundesangestellte in Westberlin tätig.[262] Sie arbeiteten im Bundespräsidialamt und dem Deutschen Bundestag, fünfzehn Vertretungen der Bundesministerien, sechs Bundesgerichten und der Generalbundesanwalt, fünf weitere Bundesbehörden, elf wissenschaftliche Instituten, elf bundesunmittelbare Körperschaften wie Stiftungen und sechzehn sonstige Dienststellen des Bundes. Als Repräsentant der Bundesregierung fungierte der „Bevollmächtigte der Bundesrepublik Deutschland" in Berlin.[263]

Während die Sowjetunion den Transitverkehr zwischen „den Westsektoren Berlins" und der BRD durch das Territorium der DDR weitgehend garantierten, erklärten die Westmächte, dass die *Verbindungen** zwischen den Westsektoren Berlins" und der BRD "aufrechterhalten und entwickelt werden, wobei sie berücksichtigen, daß diese Sektoren wie bisher kein Bestandteil der Bundesrepublik Deutschland sind und auch weiterhin nicht von ihr regiert werden."[264]

Daraus lässt sich schließen: Es wird ein Unterschied gemacht, zwischen den Gebieten (der DDR, ohne sie zu nennen), die an die Westsektoren grenzen, die Sektorengrenze innerhalb Berlins und die Außengrenze zu den Kreisen der DDR.

Diese Kompromissformel soll den westlichen Rechtsstandpunkt verdeutlichen, dass die Westsektoren nicht auf dem Hoheitsgebiet der DDR lagen. Zum anderen, dass es sich bei den "angrenzenden Gebieten" innerhalb Groß-Berlins, nicht um die Hauptstadt der DDR handeln sollte. Der Standpunkt der Drei Mächte darin bestand,

---

[261] Zivier, a.a.O. Seite 132..
[262] Krumholz Berlin ABC 1969, Seite 136.
[263] Vgl. Krumholz Berlin-ABC, 1965, Seite 79 f. Seite101 bis 103.
[264] Vierseitiges Abkommen, Viermächte Abkommen, 1973. Teil II B. Das Abkommen wurde in russischer, englischer und französischer Sprache erarbeitet. Jeder Wortlaut war gleichermaßen verbindlich. Das englische Wort: ties kann bedeuten: die Beziehungen, die Bindungen, die Verbindungen oder die Verpflichtungen. Das russische Wort cbjasi kann bedeuten: Verbindung, Zusammenhang, Verbindung (verkehrstechnischer Art).

"daß sich ganz Berlin" angeblich noch unter gemeinsamer Kontrolle der Vier Mächte befindet…[265]

Der sowjetische Botschafter kritisierte die Aussagen des USA-Botschafters; die durchaus „nicht seine These über die so genannte oberste Macht der Mächte in Westberlin" beträfen. Man könnte Bände zitieren, die gerade vom Gegenteil sprechen … Es wäre nützlich zu bemerken, daß die Beschlüsse der Alliierten Kommandantur, auf die sich Rush berief, auf Grund des Umfanges der Kompetenz der Kommandantur an sich, weder die vierseitigen Vereinbarungen und Beschlüsse aufheben noch verändern können. Diese Dokumente ziehen eine exakte Abgrenzung zwischen den Begriffen ,oberste Macht´ und ,Verwaltung´ (Administration)."

Was Berlin betrifft, so hatten die Westmächte in ihren Sektoren nur administrative Funktionen und können auf keinerlei oberste Macht Anspruch erheben. Sie streben jetzt danach, ihnen Rechte zuzugestehen, die sie nach den vierseitigen Vereinbarungen nicht haben".[266]

Das ist natürlich weit entfernt von den Vereinbarungen und Beschlüssen der Besatzungsmächte aus der Kriegs- und Nachkriegszeit, die durch das Vierseitige Abkommen nicht berührt werden!

Unberücksichtigt und unbeanstandet blieb auch der Text in den DDR Verfassungen, der Berlin zur Hauptstadt der DDR machte.

Der Bezeichnungen für Berlin (West) oder „Land Berlin", „Berlin ist ein Land der Bundesrepublik Deutschland", „Berlin ist ein deutsches Land und zugleich eine deutsche Stadt" oder „Bundesrepublik Deutschland und Berlin (West)" ist mit dem Vierseitigen Abkommen auch weiterhin nicht stattgegeben worden.[267]

Neben dem Völkerrecht und dem Staatsrecht wurde für Gesamtberlin gar noch ein „innerstädtisches Vertragsrecht" postuliert.[268]

Die Behauptung sei unrichtig, dass Berlin auf dem Territorium der SBZ bzw. der DDR läge. Die Frage sei gestattet- wo denn sonst? Vielleicht war Westberlin Teil des Mondes?

---

[265] Information der sowjetischen Botschaft in der DDR über das 15. Berlin-Gespräch der Botschafter der Vier Mächte 18. Februar 1971, . In: Dokumente DzD VI/2 (1971/1972), Bahr - Kohl Gespräche 1970 -73, Nr. 18 Seite 102.
[266] Information der sowjetischen Botschaft in der DDR über das 17. Berlin - Gespräch der Botschafter der Vier Mächte3 Berlin, 26. März b1971. In: Dokumente DzD VI/2 (1971/1972), Bahr - Kohl Gespräche 1970 -73, Nr. 38 Seite 158.
[267] Vgl. Vorlage des Ministerialdirektors Sanne an den Bundesminister für besondere Aufgaben Bahr. Bonn, 23. Januar 1973. In: Dokumente ,DzD VI/3 (1973/74), 2005. Dokument Nr.9 Seite 29 f.
[268] Vgl. Scholz, a. a. O. Seite 358.

„Im Gegenteil, auch im Verhältnis zur sowjetischen Besatzungszone und im Verhältnis zur DDR stellt Berlin ein gesondertes, rechtlich selbständiges Gebiet dar." [269] Also doch *eine „Freie Stadt Westberlin"?*

Die sowjetische Seite betonte immer wieder, dass sie von „Berücksichtigung der existierenden Situation" ausgehe. Das setzt selbstverständlich voraus, dass Ostberlin Hauptstadt der DDR sei. [270]

In entsprechenden „Erläuterungen und Interpretationen" der Bundesregierung vom 3. September 1971 [271] wird logischerweise der Standpunkt des Westens vertreten und festgestellt, dass „konkrete Verbesserungen nur für die westlichen Sektoren Berlins vorgesehen sind". [272] Auch nach Jahrzehnten sei die Frage gestattet, weshalb wurden die Verhandlungen überhaupt geführt, wenn nur Verbesserung für die Westberliner eintrat?

Ohne auf weitere Einzelheiten einzugehen, wird aber festgehalten, dass es zwischen den beiden Teilen Berlins und um Westberlin tatsächlich eine Grenze gab, an der ein Grenzregime aufgebaut und entwickelt wurde, das unabhängig vom Charakter der sich davor (die Grenztruppen der DDR gebrauchten den Ausdruck: "feindwärts" der Sperren) befindlichen Grenzlinie existierte.

Wie und wodurch die „Sicherung der Staatsgrenze zu Westberlin" erfolgte ist nachzulesen. [273]

Interessant bleibt die Frage was für einen „Charakter" die Grenze um Westberlin hatte:

War es eine Staatsgrenze, an der die völkerrechtlichen Regeln galten?

Oder war es eine staatsrechtliche, innere Grenze der DDR, die als Staatsgrenze bezeichnet und überwacht bzw. gesichert wurde?

Von den Realitäten des Kalten Krieges ausgehend, wurde diese Grenze aber als Staatsgrenze zu Westberlin seitens der DDR bezeichnet und durch ein territoriales Grenzregime gesichert, welches den Notwendigkeiten und den Vorstellungen der DDR-Führung entsprach.

---

[269] A. a. O. Seite 361.

[270] Information der sowjetischen Botschaft in der DDR über das 22. Berlin - Gespräch der Botschafter der Vier Mächte Berlin, 25. Juni 1971. In: Dokumente DzD VI/2 (1971/1972), Bahr - Kohl Gespräche 1970 -73, Nr. 67 Seite 304.

[271] Vgl. Dokumente Berlin 1987, Kapitel 15 Seite 304

[272] A. a. O. Seite 306

[273] Vgl. Baumgarten, Klaus-Dieter Die Entwicklung der Grenzsicherung und der Grenztruppen an der Staatsgrenze zur BRD und zu Berlin (West) 1961-1990. In: Derselbe/Freitag (Herausgeber). Die Grenzen der DDR. Seiten 219 ff. mit weiteren Quellen.

War es *lediglich Rechtsstandpunkt* der Sowjetunion und der DDR, das Westberlin sich inmitten und auf dem Hoheitsgebiet des Staates DDR befand, also Bestandteil des Hoheitsgebietes dieses Staates war, oder war es eine *unumstößliche Tatsache*?

Wird der westliche Rechtsstandpunkt zu Grunde gelegt, ist es entweder eine „reine" staatsrechtliche Grenze oder "innerstädtische" Sektorengrenze die durch die DDR völkerrechtswidrig als Staatsgrenze zu Westberlin bezeichnet wird!

In beiden Fällen hatten die völkerrechtlichen Kriterien der Staatsgrenzen hier keine Wirkung. Die Grenze um Westberlin war, gemessen an diesen Maßstäbe, keine völkerrechtliche Staatsgrenze.

Mit dem Vierseitigen Abkommen wurde festgelegt, dass „ungeachtet der Unterschiede in den Rechtsauffassungen die Lage, die sich in diesem Gebiet entwickelt hat … nicht einseitig verändert wird".[274] Wäre daraus zu schließen, dass die DDR gegen das Vierseitige Abkommen verstieß als sie die „Mauer" öffnete, sie die Sicherung an der Grenze um Westberlin beendete?

Während eines Gespräches zwischen dem sowjetischen und dem französischen Botschafter (Anfang Juni 197) betonte der Letztgenannte ausdrücklich, dass „nach seiner Überzeugung die Vereinbarung über Westberlin für die UdSSR und die DDR `eine große Befriedigung´ bringen soll. Die Vereinbarung würde faktisch die Anerkennung der jetzigen Lage Ostberlins und dessen Zugehörigkeit zur DDR bedeuten, wenn das auch direkt nicht fixiert wird. Außerdem würde der Westen zum ersten Mal in einer vertraglichen Form die Rolle der DDR in bezug auf den Zugang (nach Westberlin K.E.) anerkennen, geschweige denn weitere Folgen im Sinne der internationalen Anerkennung der DDR in der Zukunft".[275]

In der Erklärung der Bundesregierung vom 3. September wurde begrüßt, dass mit dem Viermächteabkommen „praktische Regelungen gefunden werden konnten, ohne daß der Status Berlins geändert und die Rechtsstellung der für Berlin (West) verantwortlichen drei Mächte beeinträchtigt wurde."[277]

Anläßlich des 15. Jahrestages des Vierseitigen Abkommens gab der Bundesminister des Auswärtigen eine Erklärung ab. Bemerkenswert ist schon, dass diese Erklärung vom Bundes*außen*minister und nicht wie in der Vergangenheit üblich und praktiziert vom Bundesministerium für innerdeutsche oder gesamtdeutsche Beziehungen oder vom Innenministerium abgegeben wurde.

---

[274] Vierseitiges Abkommen,Viermächte Abkommen, 1973. Teil I Ziffer 4.
[275] Information der sowjetischen Botschaft in der DDR über ein Gespräch des Botschafters Abrassimow mit dem französischen Botschafter Sauvagnargues ohne Datum. In: Dokumente DzD VI/2 (1971/1972) Bahr-Kohl-Gespräche 1970-73 a.a.O. Nr. 63 Seite 287.
[277] Außenpolitik der BRD a.a.O. Seite 352.

Die Erklärung vom 5. September 1986 hat leicht gekürzt folgenden Wortlaut

„:... *Um die weitreichende politische Bedeutung dieses Abkommens für Berlin zu ermessen, lohnt es sich, die Zeit vor 1971 in Erinnerung zu rufen: Berlin-Blockade, Berlin-Ultimatum und der Bau der Mauer vor 25 Jahren kennzeichnen Jahre ständiger Unsicherheit und Krisen. Das Abkommen hat entscheidend zur Stabilisierung der Lage in und um Berlin (! K.E.) beigetragen und sich insoweit als ein wirksames Instrument realistischer Entspannungspolitik erwiesen. Politische Sicherheit, wirtschaftliche Lebenskraft und kulturelle Schaffenskraft Berlins geben Anlaß zu Zuversicht für die Zukunft der Stadt trotz ihrer exponierten Lage. Das Viermächte-Abkommen hat die mit der deutschen Frage zutiefst verflochtene Berlinfrage nicht lösen können. Es hat im Gefolge der Beruhigung der politischen Lage zahlreiche praktische Verbesserungen und Erleichterungen für Berlin und die Berliner gebracht. Hingewiesen sei vor allem auf den großen und ganzen reibungslos verlaufenden Transitverkehr sowie auf die Regelung über den Reise- und Besucherverkehr in Berlin. Die Bindungen Berlins an den Bund konnten in vielen Bereichen entwickelt und vertieft werden. Das Viermächte-Abkommen ebnete auch den Weg für eine umfangreiche vertragliche Zusammenarbeit der Bundesrepublik Deutschland mit der Sowjetunion und den anderen Staaten Osteuropas sowie mit der DDR ...Die politische Vernunft gebietet dabei, das Abkommen strikt einzuhalten und voll anzuwenden. Im Interesse von Frieden und Stabilität in Europa darf keine Seite versuchen, die bestehende Lage einseitig zu verändern ....Das Viermächte-Abkommen hat sich grundsätzlich gerade auch in schwierigen Zeiten bewähr t... Gemeinsam mit den drei Mächten, die auf der Grundlage ihrer Rechte und Verantwortlichkeiten Sicherheit und Freiheit der Stadt garantieren, arbeiten wir dafür, daß dies auch weiterhin so bleibt.* "[278]

Ohne Einzelheiten darzulegen, soll anhand einer Auswahl des Inhaltsverzeichnisses und der Kapitel-Übersicht der „Dokumente Berlin 1987" verdeutlicht werden, welche Probleme im Zusammenhang mit dem Vierseitigen Abkommen aus *westlicher Sicht* noch von Bedeutung waren:

Der Zugang nach Westberlin und seine Behinderungen durch die DDR bzw. Sowjetunion;

der Aufenthalt von Ausländern in Westberlin und Kontrolle von Reisedokumenten auf Berliner Flughäfen;

Auseinandersetzungen um die Bundesversammlung, Übernahme der Notstandsgesetzgebung und „angebliche" militärische Aktivitäten der BRD in Westberlin; Kampagne gegen Bundespräsenz;

---

[278] Bulletin Nr. 97 vom 5. September 1986, Seite 820. In: Dokumente Berlin 1987 Seite 347 f.

westliche Proteste gegen „Militarisierung"; Militärparaden in der DDR-Hauptstadt; Schusswaffenanwendung an der Grenze um WB;

„Übernahme" des Staatsbürgerschaftsgesetzes der DDR für ihre Hauptstadt; Interpretationen des Vierseitigen Abkommens;

Grundlagen-,Moskauer-,Warschauer- und Prager- u.a. Verträge und ihre Einbeziehung in die Westberlinproblematik;

Westberlin und die UNO und die Europäische Gemeinschaft u.a.[279]

---

[279] Vgl. a a. O. Seiten 12 bis 18:

8 Der Gebietsaustausch DDR/Senat von Westberlin

Der Vorschlag, die Probleme der kleinen Gebiete (Enklaven), die zu Westberlin gehörten durch einen Gebietsaustausch zu lösen, stammt von westlicher Seite.[280]

„Ein vom Hauptgebiet eines Staates territorial ‚ausgeschlossenes', abgeschnittenes Landstück, ein durch Landgebiet oder Hoheitsgewässer eines zweiten Staates eingeschlossenes Gebietsteil wird staats- und völkerrechtlich als Exklave, das die Hoheitsgewalt im eingeschlossenen Gebietsteil ausübenden Staates bezeichnet. Für den dieses Gebietsteil umfassenden Staat begreift sich das Gebietsteil eines fremden Staates, der hier in sein Territorium eingelagert ist, als Enklave. Insoweit sind die genannten Bezeichnungen ‚Exklave' und ‚Enklave' analoge Rechtsbegriffe …"[281] Das völkerrechtliche Problem wird in der Zulässigkeit oder Unzulässigkeit des Transits, das staatsrechtliche Problem im Defizit der Bindungen zum "Mutterstaat" oder Hauptland gesehen.[282]

Enklaven und Exklaven sind Relikte der Entwicklung von Nationalstaaten der letzten Jahrhunderte. In Deutschland sollen im Jahre 1789 noch 314 reichsstädtische und 1475 reichsritterliche Territorien bestanden haben. In Preußen sollen es vor dem Jahre 1866 noch 227 Exklaven/Enklaven, im Jahre 1929 noch 180 gewesen sein.[283]

Während eines Gesprächs zwischen den Außenministern der DDR und der Sowjetunion in Warschau erläuterte der Außenminister der DDR, dass die Westberliner Seite zunächst „unerhörte Forderungen gestellt (habe) und wollten das Westberliner Gebiet um ca. 360 ha vergrößern. In unserem letzten Vorschlag sollten von beiden Seiten ca. 95 ha ausgetauscht werden, jetzt schlägt der Senat vor, nur noch 15 ha auszutauschen und den Zugang zur Enklave Steinstücken zu regulieren. Wir glauben, wir können damit einverstanden sein und können die kompliziertesten Fälle künftigen Regelungen überlassen".[284]

Der sowjetische Außenminister erklärte, es käme aber darauf an, dass eine Verletzung der Souveränität der DDR nicht zugelassen werden dürfe. Aus den Darlegungen des DDR-Außenministers ist erkennbar, dass die DDR in den

---

[280] Vgl. Vermerk des Ministerialrats im Bundesministerium für innerdeutsche Beziehungen Mahnke. Bonn, 15. Januar 1971. In: Dokumente DzD VI/2 (1971/1972; Bahr-Kohl Gespräche 1970-73, 2004 Nr. 5 Seite 44.

[281] Brintzinger, Ottobert L .Versuch über Exklaven und Enklaven. In: Recht im Dienst des Friedens. Festschrift für Eberhard Menzel zum 65. Geburtstag am 21. Januar 1976. Berlin 1975 Seite 489.

[282] Vgl. ebenda.

[283] Vgl. a. a. O. Seite 495 f.

[284] Gespräch des Außenministers der DDR Winzer mit dem sowjetischen Außenminister Gromyko Warschau, 30. November 1971. In: DzD VI/2, Erster Teilband, Dokument Nr. 112 Seite 454.

Verhandlungen auch über den Gebietsaustausch sich von der gleichen prinzipiellen Haltung leiten lässt.[285]

Die sowjetische Seite war für eine positive Lösung mittels Vereinbarung zwischen DDR und Senat (von Westberlin)[286].

Die vier Mächte gingen von den bekannten unterschiedlichen Rechtsstandpunkten aus. Dazu gehörte insbesondere die Frage, was unter „betreffenden Gebiet" oder „diesem Gebiet" zu verstehen war. So mußte der Senat von Berlin in den Vereinbarungen über den Gebietsaustausch auf die Bezeichnung "von Berlin" verzichten.[287]

In Anlage III des Vierseitigen Abkommens hieß es:

"3. Die Probleme der kleinen Enklaven[288] einschließlich Steinstückens und anderer kleiner Gebieten können durch Gebietsaustausch gelöst werden ..."

Damit waren neben Gebietsaustausch auch andere Möglichkeiten (Kauf) möglich.

Dass der Begriff „Enklave" nicht „Exklave" gewählt wurde, spricht dafür, dass hier der sowjetische und DDR-Rechtsstandpunkt die „Oberhoheit" hatte.

Die Kompliziertheit der Verhandlungen auch zum Gebietsaustausch verdeutlicht eine Bemerkung von Egon Bahr, zur Vermeidung einer zweiten Unterschrift (des Westberliner Senats K.E.). der westlichen Seite auf die Folgevereinbarungen mit der DDR zum Vierseitigen Abkommen: Durch die zweite Unterschrift „würde sonst der Eindruck gestärkt, daß es sich bei Berlin (West) um eine selbstständige politische Einheit handeln könne. Jedes andere, auch umständliche Verfahren, sei besser."[289]

An anderes Beispiel für die Kompliziertheit: Während eines Gespräches Mitdank/Struve laut Vermerk des DDR Unterhändlers[290] erklärte Struve „daß die DDR mit Bauarbeiten im Ortsteil Finkenkrug begonnen habe (Bau einer Straße). Deshalb möchte er die Frage stellen, ob unsere Seite nicht bereit sei, dem Vorschlag zuzustimmen, mit Vermessungsarbeiten für den Bau der Straße nach Steinstücken

---

[285] Vgl. ebenda.

[286] Vgl. Übersicht: Sowjetische Positionen - westliche Positionen. In: Ebenda Nr. 5 A Seiten 44 bis 51.

[287] Vereinbarung Gebietsaustausch, 1972. Erst nach dem Anschluss der DDR wurde aus dem Magistrat von Groß-Berlin der Senat von Berlin (Gesamtberlin).

[288] Das Gebietsteil eines Staates, der vom Staatsgebiet getrennt und ringsum von fremdem Staatsgebiet umschlossen ist, wird vom Standpunkt des umschließenden Staates, als Enklave (Einschluss), vom Standpunkt des *Mutterstaates* (des anderen Staates nicht Vaterstaat) als Exklave (Ausschluss) bezeichnet. In: Creifelds Rechtswörterbuch 2000 Seite 390. Anmerkung: Die deutsche Enklave in der Schweiz ist das Dorf Büsingen am Hochrhein Ein Dorf mit etwa 1000 Einwohnern rund 8 Quadratkilometer groß und gehört zum Bundesland Baden-Württemberg. In: Schweißer/Weber, Handbuch 2003 Seite 333.

[289] Gespräch des Staatssekretärs im Bundeskanzleramt Bahr mit den Botschaftern der Westmächte, Bonn 30. November 1971. In: In: DzD VI/2, Erster Teilband, Dokument Nr. 113 Seite 457.

[290] Am 24. Februar 1972. In: A.a.O. Dokument Nr. 127.

zu beginnen. Hieran sei seine Seite sehr interessiert. Ich erwiderte, daß diese Problematik gegenwärtig nicht zur Diskussion steht, da es jetzt um die Vorbereitung und Durchführung jener großzügigen Maßnahmen geht, die die Regierung der DDR hinsichtlich des Reise-und Besucherverkehrs beschlossen hat."[291] Bei den „großzügigen Maßnahmen" handelt es sich um die Erklärung der DDR-Regierung „zur Durchführung des Reise-und Besuchsverkehrs von Personen mit ständigem Wohnsitz in Berlin (West) vom 20. Dezember 1971" in der die DDR das Antragsverfahren, Visa- und Einreiseformalitäten für die Ein- und Ausreise, die Anmelde-und Abmeldepflicht von Besuchern, die Gebühren sowie den verbindlichen Mindestumtausch (von westlicher Seite als *Zwangsumtausch* bezeichnet) einseitig regelte.[292]

Trotz der Tatsache, dass die Vereinbarungen zum Gebietsaustausch zusammen mit dem Vierseitigen Abkommen in Kraft traten, handelte es sich nach Auffassung der DDR um selbständige Rechtsakte zwischen der DDR und dem Senat, die eng miteinander verknüpft waren, wie die Beispiele belegen.

Nach Meinung des Verhandlungsführers der DDR begannen die Verhandlungen, (über Erleichterungen und Verbesserungen des Reise- und Besuchsverkehrs von Westberliner Einwohnern[293] und zum Gebietsaustausch) auf Initiative des Vorsitzenden des Ministerrates der DDR. Der Text   „dieser Vereinbarung" (Singular) sei "klar und verständlich". [294]

Der Vertreter des Senats hob hervor, dass das Viermächte-Abkommen Grundlage der Vereinbarungen war. "[295]

„Das, was wir heute tun, ist sicherlich nicht vollkommen. Wir sind weit davon entfernt, diese Vereinbarungen für das Beste zu halten, was vorstellbar wäre. Aber es sind praktische Schritte, die den Interessen der Berliner entsprechen."[297]

Obwohl beide Vereinbarungen immer im Zusammenhang betrachtet werden sollten, wird im Folgenden lediglich die Vereinbarung über den Gebietsaustausch detaillierter untersucht.

Welche sachlichen und politisch-rechtlichen Fragen waren offensichtlich von Bedeutung?

---

[291] Ebenda Seite 493.
[292] Vgl. Dokumente Berlin 1987, Dokument 137 a, Seite 252 f.
[293] Vgl. zur Problematik der „Personen mit ständigem Wohnsitz in Westberlin" Kapitel 4.1.
[294] Vgl. Erklärung von Staatssekretär Kohrt bei Paraphierung der Vereinbarungen am 11. Dezember 1971. In: Archiv der Gegenwart. Deutschland 1949 bis 1999. Band 6, April 1970-November 1973. Sankt Augustin 2000. Seite 5575.
[295] Vgl. ebenda,.
[297] Erklärung von Senatsdirektor Müller vom 11. Dezember 1971. In: Berlin-Regelung Viermächte-Abkommen u.a., 1971 a.a.O. Seite 94.

Durch die Regelungen des Londoner Protokolls waren eine Anzahl Enklaven übernommen worden, die zum britischen und US-amerikanischen Sektor gehörten, aber genauso wie die *größte Enklave-Westberlin,* inmitten des Hoheitsgebietes des SBZ bzw. der DDR lagen.

„Berlin selbst stellt sich infolge seiner Lage im Gebiet der Deutschen Demokratischen Republik als Enklave dar. Dabei ist die definitorische Abgrenzung ohne Bedeutung, ob zu dem einem besatzungsrechtlichen Sonderstatus unterliegenden ‚Gebiet Berlin' auch Ost-Berlin gezählt wird oder nicht, denn dadurch ändert sich das Merkmal der Eingeschlossenheit in fremdes Hoheitsgebiet nicht."[298]

Viel komplizierter war die Frage zu beantworten, wenn man davon ausging, dass Groß-Berlin ein unter Verwaltung der vier Besatzungsmächte stehendes Gebiet war und eine Anerkennung „Ostberlins" als Hauptstadt der DDR ausgeschlossen wurde: Dann wäre Berlin keine Exklave des Mutterstaates (Bundesrepublik Deutschland bzw. des nicht untergegangenen Deutschen Reiches), „sondern stellt eine Art Kondominium der vier Mächte ein selbständiges Gebiet mit Sonderstatus dar…" [299]

Die Vereinbarung über den Gebietsaustausch bestimmte im Artikel 1, dass mit Vollzug zum Gebiet der DDR ca. 15,6 ha, zu den Westsektoren ca. 17,1 ha gehörten.

Um die Flächendifferenz auszugleichen, hatte der Senat 4 Millionen DM an die Regierung der DDR zu zahlen.[300]

Warum wurde der Gebietsaustausch überhaupt durchgeführt?

Der Frohnauer Friedhof, der teilweise im französischen Sektor lag, wurde durch die Grenze geteilt.

Ähnlich war die Lage des „Gebietsstreifens im Teufelsbruch/Eiskeller (Kreis Nauen)" bzw. "Gebiete im Raum Teufelsbruch/Eiskeller (Kreis Nauen)",[301] die zum britischen Sektor gehörte, aber nur durch einen unzugänglichen Weg mit den übrigen Teilen des Sektors verbunden war.

Der Artikel 6 Absatz 2 bestimmte, dass „der bestehende Zustand" der Enklave Wüstemark und Laszinswiesen bis zum Inkrafttreten der Vereinbarung nicht verändert werden durfte. Getragen vom Misstrauen gegeneinander wurde für die Zeitspanne vom 20. Dezember 1971 bis 3. Juni 1972 diese Formel notwendig".

---

[298] Brintzinger a. a .O. .eite 511.
[299] Ebenda Seite 512.
[300] Vereinbarung Gebietsaustausch, 1972. Artikel 2 Absatz 1.
[301] Ebenda .Artikel 1 Absatz 1 a) und b).

Die abgeschlossenen Vereinbarungen[302] lösten die Probleme des Grenzverlaufes nicht in allen Punkten. Es blieben mehrere Enklaven bestehen. Es handelte sich um die Enklaven, die „zum britischen Sektor gehörenden Gebiete Erlengrund, Fichtewiese und Laszinswiesen sowie die zum amerikanischen Sektor gehörende Exklave Wüste Mark".[303]

Die Enklaven Eiskeller und Steinstücken erhielten ausreichende Verbindungen mit ihren „Heimatstadtteilen" in Westberlin, während die übrigen, in der Vereinbarung genannten Gebiete „offiziell" der Gebietshoheit der DDR unterstellt wurden, obwohl sie es ja nach dem „unausgesprochenen" Rechtsstandpunkt der DDR bereits waren.

Die DDR-Seite hatte grundsätzlich wenig Interesse an einem Gebietsaustausch. Aus heutiger Sicht ist das völlig unverständlich. Mit dem Gebietsaustausch wurde der überzeugende Beweis erbracht, dass der Rechtsstandpunkt der DDR und der UdSSR rechtens war Westberlin selbst war Enklave, lag inmitten und auf dem Hoheitsgebiet der DDR.

Die feste Verbindung Steinstückens zum Westberliner Ortsteil Kohlhasenbrück hätte sich vollkommen erübrigt, wenn der Senat bereit gewesen wäre, *bewohnte Gebiete* auszutauschen!

Die „Präsens der amerikanischen Besatzer in den vergangenen Jahrzehnten; die Haltung der Westberliner CDU als Opposition (bekanntlich wohnt Lummer[304] in Steinstücken) machten es dem Westberliner Senat angeblich unmöglich, dieses Gebiet auszutauschen".[305]

Ob die unterschiedlichen Rechtsstandpunkte beider Seiten mit dem Gebietsaustausch gewahrt blieben, sollte in Frage gestellt werden.

Mit der Schlusserklärung über den Gebietsaustausch wurden die Gebiete im Raum Teufelsbruch/Eiskeller und die Zugangsstreifen zu Steinstücken rechtskräftig aus der Gebietshoheit der DDR entlassen. Faktisch wurde somit Steinstücken und der nördliche Teil des Frohnauer Friedhofs zu einem Bestandteil Westberlins.

Andere Gebiete (Finkenkrug, Gebiet am Böttcherberg, Große Kuhlake und Nuthewiese) „sind ohne formalen Akt ihrem *rechtmäßigen Souverän* der DDR, zurückgegeben worden".[306]

---

[302] Dazu gehört ebenfalls: Vereinbarung, Gebietsaustausch Potsdamer Bahnhof, 1980.
[303] Zivier a. a. O. Seite 162.
[304] Lummer war damaliger Oppositionsführer des (West) Berliner Abgeordnetenhauses.
[305] Ehrhardt/Woythe/Mangold u.a. Grundfragen, Seite 59.
[306] Ebenda Seite 60.

In der BK/O (der drei Westalliierten) vom 3. Juni 1972 heißt es: *„Die Gebiete, die in Artikel I § 1 b (*Absatz 1 b K.E.*) der Vereinbarung aufgezählt sind, auf die im*

a) der Gebietsstreifen zwischen Kohlhasenbrück und Steinstücken: zum amerikanischen Sektor, Bezirk Zehlendorf

b) der Gebietsstreifen in der Nachbarschaft von Eiskeller: zum britischen Sektor, Bezirk Spandau

c) das Gebiet nördlich von Frohnau: zum französischen Sektor, Bezirk Reinickendorf.

Die Alliierte Kommandantura Berlin ordnete zur Einbeziehung des ehemaligen Potsdamer Bahnhofes in den Gebietsaustausch u.a. an: Das das Gebiet des ehemaligen Potsdamer Bahnhofs „Teil des britischen Sektors von Groß-Berlin (Bezirk Tiergarten)" wurde … Das Eigentum der Rechtspersonen des öffentlichen Rechts in dem oben genannten Gebiet wird Eigentum des Landes Berlin."[308]

In beiden BK/O werden die Begriffe „Groß-Berlin" sowie einmal "der Senat von Berlin als Treuhänder" ein andermal „Eigentum des Landes Berlin" verwandt.

Warum im Schreiben des Regierenden Bürgermeisters von Berlin an die Alliierte Kommandantur vom 14. Dezember 1971 anlässlich der Paraphierung und im Antwortschreiben der Alliierten Kommandantur an den Regierenden Bürgermeister vom 16. Dezember 1971 der russisch klingende Begriff „Kommandantura" verwandt wurde, bleibt im Dunkeln. Gemutmaßt muss werden, dass es sich hier um einen (bewussten?) Übersetzungsfehler handelt. Im Russischen heißt das Wort (in der deutschen Umschreibung) *komendatura.*

Unbestreitbar bleibt, dass die sowjetische Seite sich bereits am 1. Juli 1948 aus der Alliierten Kommandantur zurückzog und sich damit die vierseitige Leitung der Verwaltung des Gebietes von Groß-Berlin „faktisch erledigt" hatte. Sicherlich handelt es sich bei der Verwendung des Begriffs „Kommandantura" um eines der damals üblichen diplomatisch- militärischen Spielchen zwischen Ost und West? Der deutschen Öffentlichkeit sollte vorgegaukelt werden, dass die Sowjets noch in der Alliierten Kommandantur mitwirkten.

Die Alliierte Kommandantur wurde auf der Rechtsgrundlage des Londoner Protokolls vom 14. September 1944 (i. d. F. vom 14. November 1944 und 26. Juli 1945) geschaffen. Dort heißt es unter Ziffer 5.: „Zwecks gemeinsamer Leitung der Verwaltung des Gebietes von ‚Groß-Berlin´ wird eine Interalliierte Behörde (russisch: Komendatura) errichtet, welche aus den vier von den entsprechenden Oberbefehlshabern ernannten Kommandanten besteht."[309]

---

[308] BK/O (72) 9. In: Beilage zum Bundesanzeiger Nr. 174, 15. September 1972, Seite 41.
[309] Die Westberlinfrage, und die Vorschläge der Regierung der DDR zu ihrer Lösung. Mit Dokumenten. Dritte Auflage. Herausgegeben vom Ministerium für Auswärtige Angelegenheiten der DDR, August 1961.Seite 40. Als

In einer anderen Übersetzung lautet die Passage: „5. Eine interalliierte Regierunmgsbehörde (Kommendatura); bestehend aus den drei von ihren Oberbefehlshabern ernannten Kommandanten, wird zur gemeinsamen Leitung der Verwaltung des Gebietes Groß- Berlin errichtet".[310]

Als dritte Variante wird angeboten:

„5. Eine Interalliierte Regierungsbehörde (Komendatura), bestehend aus drei Kommandanten, die jeweils von ihren entsprechenden Oberkommandierenden ernannt worden sind, wird gegründet, um eine gemeinsame Verwaltung des Groß- Berliner Gebietes zu errichten".

Der englische Text lautet:
"5. An Inter-Allied Governing Authority (Komendatura) consisting of three Commandants, appointed by their respektive Commanders-in-Chief, will be established to direkt jointly the Administration of the ′Greater Berlin′ Area."[311]

Im Abkommen über das *Kontrollverfahren* in Deutschland vom 14. November 1944 (i. d. F. des Abkommens vom 1. Mai 1945)[312] lautet „Artikel 7 a) Zwecks gemeinsamer Leitung der Verwaltung des Gebietes von ‚Groß-Berlin′ wird eine Interalliierte Behörde (russisch: Komendatura) errichtet, welche aus vier, einem von jeder Macht, von den entsprechenden Oberbefehlshabern ernannten Kommandanten besteht. Die Interalliierte Behörde wird von einem Hauptkommandanten geleitet, dessen Befugnisse jeder der Kommandanten abwechselnd ausüben wird.

b) Bei der Interalliierten Behörde wird aus dem Personal einer jedem der vier Mächte ein technischer Stab gebildet, dessen Zusammensetzung den Aufgaben der Überwachung und Kontrolle der Tätigkeit der für die Stadtverwaltung verantwortlichen örtlichen Organe von ‚Groß-Berlin′ entspricht.

c) Die Interalliierte Behörde übt ihre Tätigkeit unter der allgemeinen Leitung des Kontrollrates aus und erhält über den Koordinierungsausschuß Befehle."

Das Abkommen über *Kontrolleinrichtungen* in Deutschland (14.11.1944)[313] lautet:
„Art. 7 (a) Eine interalliierte Regierungsbehörde (Kommendatura) aus drei Kommandanten, von jeder Macht einer, die von den betreffenden

---

Quelle der Übersetzung aus dem Russischen wird angegeben: Sammelband der in Kraft befindlichen Verträge, Abkommen und Konventionen, die von der UdSSR mit ausländischen Staaten abgeschlossen wurden. Herausgegeben vom Ministerium für Auswärtige Angelegenheiten der UdSSR, 1955, Band XI, Seite 55 ff. russ.

[310] Protokoll Londoner Protokoll, Berber 1967 Seite 2268.

[311] Beide Texte bei: Mitdank a. a. O. Seite 248.

[312] Die Westberlinfrage a.a.O. Seite 41.

[313] Völkerrecht Dokumentensammlung, Berber II 1967 Seite 2273.

Oberkommandierenden ernannt werden, wird eingerichtet, um gemeinsam die Verwaltung des Gebietes von ‚Groß-Berlin' zu leiten. Jeder der Kommandanten wird abwechselnd, als Chefkommandant, als Leiter der interalliierten Regierungsbehörde fungieren.

(b) Ein technischer Stab, der aus Personal von jeder der drei Mächte bestehen wird, wird unter der interallierten Regierungsbehörde eingerichtet, und zwar zum Zweck der Überwachung und der Kontroller der Tätigkeiten der lokalen Organe von ‚Groß-Berlin', die für ihre städtischen Dienste verantwortlich sind.

c) Die interalliierte Regierungsbehörde wird unter der allgemeinen Leitung des Kontrollrates arbeiten und Anweisungen durch das Koordinierungskomitee empfangen."

Ohne näher auf beide Texte einzugehen muß festgehalten werden, dass es offenbar eine Reihe von Problemen bei der Übersetzung zumindest ins Deutsche gab.

Wenige Tage vor dem Anschluss der DDR wurde in einer Vereinbarung zwischen der Regierung der BRD und den „drei Staaten" der Ausdruck „alliierte Behörde" auch mit „die Alliierte Kommandantur Berlin" definiert.[314]

Diese Vereinbarung stellt eine eklatante Verletzung des Vierseitigen Abkommens dar. Kurz vor dem Anschluss der DDR wurde noch faktisch nicht nur Berlin (West), sondern auch die Hauptstadt der DDR in das Gebiet der BRD einbezogen!

Dieses Übereinkommen bedurfte „der Ratifikation, Annahme oder Genehmigung."[315] Bundeskanzler Kohl und für den Bundesminister des Auswärtigen sprang der Bundesminister der Verteidigung, Stoltenberg, ein, konnten zwar eine Ratifikation nicht durchführen, lösten das Problem der Annahme oder Genehmigung kurzerhand unter Berufung auf das Grundgesetz für die BRD Artikel 59 Absatz 2 mit einer *vorläufigen* Verordnung.[316]

---

[314] Übereinkommen in Bezug auf Berlin, 1990 Artikel 1 a) und b).
[315] Ebenda Artikel 11 Absatz 1.
[316] Verordnung Berlin, 1990.

9 Bundeshauptstadt Berlin

Der Einigungsvertrag legte im Artikel 1 Absatz 2 fest, dass die 23 Bezirke von Berlin das Land Berlin bilden.

Artikel 2 Absatz 1 bestimmte: *„Hauptstadt Deutschlands ist Berlin. Die Frage des Sitzes von Parlament und Regierung wird nach der Herstellung der Einheit Deutschlands entschieden. „*Berlin wurde Bundeshauptstadt".[317].

Am 20. Juni 1991 hat der Bundestag mit 338 Für- zu 320 Gegenstimmen entschieden, Berlin als künftiger Sitz von Bundestag und Regierung bestimmt.

Während der Bundestagsdebatte kamen 104 Abgeordnete zu Wort.

Wie das Abstimmungsergebnis ausweist, wurde sehr kontrovers debattiert. Es würde zu weit führen, wollte man eine Vielzahl der Argumente kommentieren.

Gysi hat bemerkenswerterweise einen Beschluß aus der 14.Sitzung der ersten Legislatur des Deutschen Bundestages zitiert, der auf Initiative der KPD eingebracht wurde und folgenden Wortlaut hatte: *„Die leitenden Bundesorgane verlegen ihren Sitz in die Hauptstadt Deutschlands Berlin, sobald allgemeine, freie, gleiche, geheime und direkte Wahlen in ganz Berlin und in der sowjetischen Besatzungszone durchgeführt sind. "[318]*

Der Artikel 22 Absatz 1 des Grundgesetzes für die Bundesrepublik Deutschland wurde entsprechend geändert.[319]

Mit Wirksamwerden des Anschlusses der DDR am 3. Oktober 1990[320] wurden die Länder Brandenburg, Mecklenburg-Vorpommern, Sachsen, Sachsen-Anhalt und Thüringen entsprechend des Ländereinführungsgesetzes vom 22. Juli 1990 der DDR[321] gebildet und die Grenzen dieser Länder untereinander und die Modalitäten von Grenzänderungen bestimmt.

Gemäß § 2 Absatz 2 erhielt „Berlin, Hauptstadt der DDR, Landesbefugnisse, die von der Stadtverordnetenversammlung und vom Magistrat wahrgenommen werden".[322]

---

[317] Gesetz Berlin/Bonn, 1991.

[318] Webarchiv.bundestag.de/archive/2008/0912/bau_kunst/debatte/bdr_006.html.

[319] Gesetz zur Änderung des Grundgesetzes (für die Bundesrepublik Deutschland) vom 28. August 2006. In: BGBl. I Seite 2034.

[320] Vertrag Einigungsvertrag, 1990 Kapitel I (Wirkung des Beitritts) Artikel 1.

[321] Verfassungsgesetz zur Bildung von Ländern in der DDR–Ländereinführungsgesetz vom 22. Juli 1990. In: GBl. Nr. 51 Seite 955.

[322] Ebenda .

Da das Ländereinführungsgesetz der DDR die neuen Länder erst zum 14. Oktober 1990 bildete, wurde kurzerhand dieses Datum gemäß Einigungsvertrag auf den 03. Oktober 1990 verändert.[323]

Im Einigungsvertrag (Anlage II, Kapitel II, Abschnitt II) wurde vereinbart, dass das Recht der DDR gemäß § 2 Absatz 2 Ländereinführungsgesetz fortgalt. In Normaldeutsch ausgedrückt:
Die Hauptstadtformel der 49er und 68er Verfassungen, dass Berlin-Hauptstadt der DDR war, wurde noch einmal bekräftigt.

Schließlich soll nicht vergessen werden, dass der Zwei-plus-Vier-Vertrag[324] im Artikel 1 bestimmte, dass das vereinte Deutschland die Gebiete der BRD, der DDR „und ganz Berlins umfassen" soll.
Im Artikel 5 dieses Vertrages wird im Zusammenhang mit dem Abzug der sowjetischen Streitkräfte bzw. der Stationierung anderer Streitkräfte mehrfach *„vom Gebiet der heutigen Deutschen Demokratischen Republik und Berlins"* ausgegangen.
Im Artikel 7 dieses Vertrages beenden die vier Mächte *„ihre Rechte und Verantwortlichkeiten in bezug auf Berlin und Deutschland als Ganzes"*.

10 Resümee

Zwar gewagt, aber „zivilrechtlich" ausgedrückt:
Westberlin war Eigentum der DDR aber im Besitz der BRD.
Um beim Zivilrecht zu bleiben: Da es sich bei der Grenze um Westberlin in jedem Falle auch um Grundstücksgrenzen handelte, sollte auch die Verpflichtung zur Kennzeichnung der Grenzen, die im gesellschaftlichen Interesse lagen, gemäß Zivilgesetzbuch der DDR[327] im Blickfeld behalten werden.
Das ist unabhängig davon, wie man diese Grenze bezeichnete. Ob z.B. Sektoren- oder Staatsgrenze.
Es handelte sich um eine innere Grenze der DDR, ähnlich den Bezirksgrenzen der DDR, deren gemessener Verlauf in den Katasterunterlagen der 1920er Jahre und einige Jahrzehnte später einseitig von der DDR bestimmt wurde und etwa zu Zweidritteln nach dem 13. August 1961 mit dem vorderen Sperrelement übereinstimmte. Anders formuliert: Es gab grundsätzlich keine Trennung zwischen

---

[323] Vertrag Einigungsvertrag, 1990, Folgendes Recht der DDR bleibt mit folgenden Änderungen in Kraft: Anlage II Kapitel II Sachgebiet A(Staats-und Verfassungsrecht) Abschnitt II.
[324] Vertrag über die abschließende Regelung in Bezug auf Deutschland vom 12.September 1990, In: documentArchivg.de URL http://www.documentArchiv.de/brd/2p4.html.
[327] Vgl. § 318 f. ZGB.

Verlauf der Grenze und territorialem Grenzregime. Vorderes Sperrelement und Grenzverlauf stimmten häufig überein.

Betrachtet man unter diesem Gesichtspunkt z.B. Ritters alphabetisch geordnete Grenzbilder, aus westlicher Sicht aufgenommen,[328] wird das deutlich. Außer der Bezeichnung von Schlüsselwörtern, topographischer Orte (Grenzorte), wie Berlin, Bernauerstraße, Brandenburger Tor, Brücke der Einheit, Invalidenstraße, Steinstücken, gibt es nur Fotos der Berliner „Mauer", Stacheldraht, Gedenksteine und „Maueropfer". Das lag auch darin begründet, dass private Foto- und Filmaufnahmen im Schutzstreifen, die militärische Objekte, GÜST und Grenzsicherungsanlagen betrafen, nicht gestattet waren und mit einer Ordnungsstrafe geahndet werden konnten.[329]

Die konsequente Trennung zwischen Verlauf der Staatsgrenze DDR/BRD und dem Grenzregime und das Fehlen dieser Trennung an der *Innerdeutschen DDR-Grenze um Westberlin* ist auch in der gesamten Literatur prinzipiell so geblieben.[330] Selbst Insider wie Scheler/Pech und Ziegenbein lassen diese Problematik unberücksichtigt.[331]

Im Unterschied zur Staatsgrenze DDR/BRD wurde der Verlauf auch nicht mit der „Gegenseite" vereinbart.

Die völkerrechtlichen Prinzipien, dass jede Art des Grenzregimes strikt vom Verlauf der Staatsgrenze zu unterscheiden war, galten für die Grenze um Westberlin nicht.

Die Ein- und Ausreise (das Genehmigungsverfahren zum Grenzübertritt) wurde zwischen dem Westberliner Senat und der Regierung der DDR z.B. mit den Passierscheinabkommen (Aufenthaltsgenehmigungen für Bewohner Westberlins in der DDR-Hauptstadt) in den Jahren 1963 bis 1966 vereinbart.

Bemerkenswert im Zusammenhang mit dem behandelten Thema ist, dass das Personal der Passierscheinstellen Angestellte der Bezirksdirektion für Post- und Fernmeldewesen[332] der DDR-Hauptstadt Berlin waren, sich diese Passierschein-stellen aber ausschließlich in Westberlin befanden. Die Anträge für bestimmte

---

[328] http://www.grenzbilder.de/die_grenze_von a_bis_z.php

[329] Vgl. Grenzordnung vom 25. März 1982 § 3 i. V. m. mit § 45 Absatz 1 Buchstabe c) und Absatz 2.

[330] Beispielhaft: Ritter, Jürgen/ Lapp, Peter Joachim Die Grenze. Ein deutsches Bauwerk. Mit einem Geleitwort von Rainer Eppelmann und einem Beitrag von Ulrich Schacht, fünfte Auflage, Berlin 2006 und Thoß, Hendrik Gesichert in den Untergang. Die Geschichte der DDR-Westgrenze, Berlin 2004

[331] Grenzschutz und Grenzregime an der deutsch-deutschen Grenze. Standpunkt zu einer andauernden Kontroverse. Herausgeber: Dresdner Studiengemeinschaft Sicherheitspolitik e.V.

[332] Wikipedia.org/wiki/Passierscheinabkommen, abgerufen am 22.9.12 bezeichnet die Mitarbeiter als „mit Postuniformen und Ausweisen versehene Mitarbeiter des Ministeriums für Staatssicherheit".

Besuchszeiträume wurden ausschließlich in der DDR-Hauptstadt geprüft und bearbeitet.

Den Legenden von der DDR-Regierungskriminalität, dem nicht existenten „Schießbefehl", „Selbstschußanlagen" wurde bewusst keine Aufmerksamkeit gewidmet. Gleiches gilt für die „Mauerschützenprozesse".

Die praktizierte Strafverfolgung durch Organe der BRD auch von Grenzern, die die Grenze um Westberlin sicherten, war von Grund auf rechtswidrig Auch die Rechtsprechung von BGH und Bundesverfassungsgericht ändern daran nichts.

So wurde z.B. verantwortlichen Offizieren des Grenzkommandos Mitte von den Strafverfolgungsbehörden der BRD (!) vorgeworfen, dass sie an der Ausarbeitung von Ausbildungsbefehlen für das Jahr 1971 und 1972 beteiligt waren und damit Beihilfe zum Totschlag geleistet und den Tod von Grenzverletzern billigend in Kauf genommen hätten.[333]

Buchholz[334] geht im Detail auf die Problematik der Jahresbefehle Nr. 101 (unter Anfügung des jeweiligen Ausbildungsjahres) des Ministers für Nationale Verteidigung ein. Er erläutert die Befehlskette von oben nach unten und stellt fest, dass keiner dieser Jahresbefehle einen Grenzsoldaten erreichte. Die bundesdeutschen Gerichte konstruierten einen „unterschwelligen Tötungsbefehl", und meinten, entgegen der Praxis, dass *alle* Handlungen der Grenztruppen auf diesen Jahresbefehlen beruhen würden. Buchholz meint richtigerweise, dass das „eine Sachverhaltsverfälschung par excellence" war.[335]

Bereits ein flüchtiger Vergleich der „Anwendung von Schußwaffen" im § 27 des Grenzgesetzes der DDR mit dem UZwG der BRD[336], §§ 11 und 12 (Schußwaffengebrauch im Grenzdient und Besondere Vorschriften für den Schußwaffengebrauch) verdeutlicht, dass es gravierende Unterschiede gibt, die ausschließlich zu Gunsten der DDR-Regelung ausfallen.

Das bezieht sich beispielsweise darauf, dass grundsätzlich erst gegen Personen die Schusswaffe eingesetzt werden durfte, „wenn durch Waffenwirkung gegen Sachen oder Tiere der Zweck nicht erreicht wird".

Im UZwG wird der Schusswaffengebrauch gegen Personen auch dann gestattet, wenn sie „sich der wiederholten Weisung, zu halten oder die Überprüfung ihrer Person oder der etwa mitgeführten Beförderungsmittel und Gegenstände zu dulden,

---

[333] Vgl. besonders Frotscher/Krug Grenzer vor Gericht, mit Ablauf der Prozesse, Erklärungen der Angeklagten, einem ausführlichen Dokumentenanhang:

[334] Buchholz, Erich „3.4. Jahresbefehle" . In: DDR-Strafrecht unter dem Bundesadler. Berlin 2011 Seiten 457 bis 464.

[335] A. a. O. Seite 459.

[336] Das „Gesetz über den unmittelbaren Zwang bei der Ausübung öffentlicher Gewalt durch Vollzugsbeamte des Bundes" trat am 01. April 1961 in Kraft und setzte ein Gesetz aus dem Jahre 1921 außer Kraft.

durch die Flucht zu entziehen versuchen". Im Absatz 2 des § 11 heißt es dann: „Ist anzunehmen, dass die mündliche Weisung nicht verstanden wird, so kann sie durch einen Warnschuss ersetzt werden".

Der Absatz 3 des § 27 Grenzgesetz erster Satz lautet: „Die Anwendung der Schußwaffe ist grundsätzlich durch Anruf oder Abgabe eines Warnschusses anzukündigen …"

Das UZwG enthielt im § 19 die sogenannte Berlin-Klausel, die besagte, dass dieses Gesetz *„auch im Land Berlin"* galt.

Schlussendlich, obwohl in der Arbeit weitgehend unberücksichtigt geblieben, soll den tausenden Angehörigen der Grenztruppen und der anderen Sicherheitsorgane für ihren Dienst an der Staatsgrenze der DDR zu Westberlin, der inneren Grenze der DDR um Westberlin, gedankt werden. Insbesondere die Grenztruppen der DDR erfüllten bereits in Friedenszeiten Aufgaben, die als Gefechtsaufgaben bewertet werden können. Die sich daraus ergebenden hohen Belastungen teilten auch ihre Familien. Ihnen allen ist es ganz wesentlich zu verdanken, dass auch die Öffnung dieser Grenze und die sich daran anschließenden Folgen friedlich verliefen. Es fiel kein Schuss.

Quellennachweis und Zusatzliteratur

Abkommen

Abkommen zwischen der Regierung der DDR und der Regierung der UdSSR über Fragen, die mit der zeitweiligen Stationierung sowjetischer Streitkräfte auf dem Territorium der DDR zusammenhängen, 11. April 1957, GBl. Teil I Seite 237.

Abrassimow, Pjotr

Westberlin - gestern und heute. Berlin 1981.

Adenauer, Konrad

Der Westen in der Bewährung - das Berlin-Ultimatum Chruschtschows. In: Derselbe. Erinnerungen 1955-1959. Stuttgart 1967 Seite 436 bis 482.

Adenauer, Konrad/Brandt, Willy

Ein Abschiedsgruß, der kein Ende bedeutet. In Bulletin der Bundesregierung:11. Oktober 1963, Seite 1574.

Alliierte Kommandantur der Stadt Berlin

Sammelheft 1 1945. Berlin 1946.

Alliierter Kontrollrat

Alliierter Kontrollrat und Außenministerkonferenzen. Aus der Praxis der Deutschlandpolitik der vier Mächte seit 1945. Kleine Dokumentensammlung. Herausgeber: Bittel, Karl Berlin 1959.

Altten, Mark

Spaltung nach Drehbuch. Berlin, Juni 1948 - die Währungsteilung und die sogenannte   Luftbrücke. In: Tageszeitung junge Welt 20. Juni 2008 Seite 10 f.

Amtsblatt des Kontrollrats in Deutschland

Ergänzungsheft Nr. 1/1945, Seite 10.

Anregungen zum Umgang mit der Geschichte

Erklärung des Ältestenrats der Partei DIE LINKE. 16. Juli 2008.

Arnold, Jörg

Bundesverfassungsgericht contra Einigungsvertrag. Der "Mauerschützen"- Beschluss des Bundesverfassungsgerichts auf dem strafrechtlichen Prüfstand. In: Neue Justiz 1997, Seite 115.

Arzinger, Rudolf/Poeggel, Walter

Westberlin - selbständige politische Einheit, Berlin 1965.

Badstübner, Rolf/Thomas, Siegfried

In: Restauration und Spaltung. Entstehung und Entwicklung der BRD 1945 - 1955. Köln 1975, Seite 320.

Badstübner, Rolf (Quellen, 1994):

Die sowjetische Deutschlandpolitik im Lichte neuer Quellen. In: Loth, Wilfried (Herausgeber).Die deutsche Frage in der Nachkriegszeit. Berlin 1994, Seite 102 bis 135.
Derselbe (Potsdamer Konferenz, 1989): Die Potsdamer Konferenz. Verpflichtung und Vermächtnis. In: Bock (Herausgeber) Krieg oder Frieden , 1989 Seite 460 bis 466.
Derselbe (Friedenssicherung,1990): Friedenssicherung und deutsche Frage. Vom Untergang des Reiches, bis zur deutschen Zweistaatlichkeit (1943 bis 1949). Berlin 1990.

Badstübner, Rolf/Loth, Wilfried (Herausgeber) (Wilhelm Pieck, 1994):

Wilhelm Pieck - Aufzeichnungen zur Deutschlandpolitik 1945-1953. Berlin 1994.

Badstübner, Thomas (Spaltung, 1966):
Die Spaltung Deutschlands 1945-1949. Berlin 1966.

Bauer, Hans
Politische Strafverfolgung im vereinten Deutschland. In: Siegerjustiz? Berlin 2003. Seite 27 bis 66.

Bauerkämpfer/Sabrow/Stöver (Herausgeber)
Doppelte Zeitgeschichte. Deutsch-deutsche Beziehungen 1945-1990. Bonn 1998.

Baumgarten, Klaus- Dieter/Freitag, Peter (Herausgeber)
Die Grenzen der DDR. Geschichte, Fakten, Hintergründe. Berlin 2004.

Baumeister, Dieter/Zivier, Ernst
Die Status-Bestimmungen des Viermächte-Abkommens und die Zukunft Berlins. Berlin 1979.

Befehl (Sicherung der Grenze, 2003):
Befehl des Ministers des Innern Nr. 001/61 August 1961. Inhalt: Aufgaben zur verstärkten Sicherung der Grenze zwischen der DDR und dem demokratischen Berlin sowie zwischen dem demokratischen Berlin und Westberlin. In: Uhl/Wagner (Herausgeber). Ulbricht, Chruschtschow und die Mauer. Eine Dokumentation München 2003 Dokument 15 Seite 106 f.

Befehl (Aufgaben der Deutschen Grenzpolizei, 2003):
Regierung der DDR Ministerium des Innern. Befehl des Ministers des Innern Nr. 002/61 12. August 1961. Inhalt: Aufgaben der Deutschen Grenzpolizei zur verstärkten Sicherung der Grenzen am Außenring von Groß-Berlin und an der Staatsgrenze West. In: Uhl, Matthias/Wagner, Armin (Herausgeber). Ulbricht, Chruschtschow und die Mauer. Eine Dokumentation München 2003 Dokument 16, Seite 108 bis 119.

Befehl (Staatsgrenze nach Westberlin, 2003):
Regierung der DDR Ministerium des Innern. Befehl des Ministers des Innern Nr. 38/61 6. September 1961. Inhalt: Sicherung der Staatsgrenze nach Westberlin. In: Uhl, Matthias/Wagner, Armin (Herausgeber). Ulbricht, Chruschtschow und die Mauer. Eine Dokumentation München 2003 Dokument 33, Seite 146 bis 149.

Behrendt, Hans-Dieter
„Guten Tag, Passkontrolle der DDR". Über die Tätigkeit der Kontroll- und Sicherheitsorgane an der deutsch-deutschen Grenze zwischen 1945 und 1990. Schkeuditz 2008.

Bekanntmachung (Ministeriums für Verkehrswesen der DDR 12.8.1961):
Bekanntmachung des Ministers für Verkehrswesen der DDR, Kramer vom 12. August 1961 Zur Durchführung des Beschlusses des Ministerrates der DDR vom 12. August 1961.

Bekanntmachung (BRD Drei Mächte 1990):
Bekanntmachung der Vereinbarung vom 27./28. September 1990 zu dem Vertrag über die Beziehungen zwischen der Bundesrepublik Deutschland und den Drei Mächten (in der geänderten Fassung) sowie zu dem Vertrag zur Regelung aus Krieg und Besatzung entstandener Fragen (in der geänderten Fassung vom 8. Oktober 1990. In: BGBl. II 1990 Seite 1385 (deutsch, englisch, französisch).

Belezki, V.N.

Die Stellung Westberlins nach der Spaltung Deutschlands und der Gründung von zwei deutschen Staaten. In: Derselbe: Die Politik der Sowjetunion in den deutschen Angelegenheiten in der Nachkriegszeit (1945-1976). Berlin 1977.

Bentzien, Joachim

Probleme des Luftverkehrs von und nach Berlin gestern-heute-morgen. In: Zeitschrift für Luftfahrtsrecht 1979 Seite 327.

Berlin-Handbuch

Berlin Handbuch. Das Lexikon der Bundeshauptstadt. Berlin 1992.

Berlin-Regelung

Die Berlin-Regelung. Das Viermächte-Abkommen über Berlin und die ergänzenden Vereinbarungen. Bonn Dezember 1971.

Berlin Umland (

Berlin und sein Umland. Eine geographische Monographie. Herausgeber: A. Zimm. Gotha 1989.

Beschluß (Beitritt, 1990):

Beschluß der Volkskammer der DDR über den Beitritt der DDR zum Geltungsbereich des Grundgesetzes der BRD vom 23. August 1990. In: GBL: Teil I Nr. 57 Seite 1354.

Binnenwasserstraßen-Verkehrsordnung

Binnenwasserstraßen-Verkehrsordnung mit Verkehrsvorschriften für die Grenzgewässer der Oder und der Lausitzer Neiße. Herausgeber: Ministerium für Verkehrswesen der DDR. Zweite Auflage Berlin 1970.

Blumenwitz, Dieter

Der Vertrag vom 12.9.1990 über die abschließende Regelung in bezug auf Deutschland. In: NJW 1990 Seite 3041.

Boldyrew, Vladimir N.

Westberlin und europäische Sicherheit. Berlin 1973.

Bollinger, Stefan

Ein direkter Weg zum Anschluß? Deutsch-deutsche Beziehungen im letzten Jahr der DDR(1989/90). In: Hoffman, Jürgen/Nakath, Detlef (Herausgeber): Beziehungen in vierzig Jahren Zweistaatlichkeit. Schkeuditz 1998, Seite 167 bis 191.

Bonwetsch/Bordjugow/Naimark, (Herausgeber

Sowjetische Politik in der SBZ 1945-1949. Dokumente zur Tätigkeit der Propagandaverwaltung der SMAD unter Sergej Tjulpanow. Bonn 1998.

Brandt, Willy

Erste Beratung der Ostverträge im Deutschen Bundestag, 23.- 25. Februar 1972. In: Bericht der Bundesregierung zur Lage der Nation. Presse- und Informationsamt der Bundesregierung , Seite 8-10.

Derselbe (Einsichten, 1976):

Begegnungen und Einsichten. Die Jahre 1960 - 1975. Hamburg 1976.

Derselbe (Spiegelgespräche, 1993):

Die Spiegel -Gespräche 1959 - 1992. Stuttgart 1993.

Brandstetter, Karl J.

Allianz des Mißtrauens. Sicherheitspolitik und deutsch-amerikanische Beziehungen in der Nachkriegszeit. Köln 1989.

Briefwechsel Sorin/Bolz,

Briefwechsel Sorin/Bolz zur Frage des Schutzes und der Kontrolle an den Grenzen der DDR. Moskau, 20. September 1955. In: Beziehungen DDR - UdSSR 1949 bis 1955 Dokumentensammlung 2. Halbband. Berlin 1975.

Clay, Clay, Lucius D.
Entscheidung in Deutschland. Frankfurt a. M. 1950.
Cornides, Wilhelm/Volle, Herrmann
Um den Frieden mit Deutschland. Dokumente zum Problem der deutschen Friedensordnung 1941 - 1948 mit einem Bericht über die Londoner Außenministerkonferenz vom 25. November bis 15. Dezember 1947. Oberursel 1948.

Deim, Hans Werner
Militärstrategische Planungen der Bündnisse in Europa und der militärische Schutz der Staatsgrenze der DDR. In: Baumgarten/Freitag (Herausgeber). Die Grenzen der DDR. Berlin 2004 Seite 37 bis 69.
Direktive Nr. 1/85 (NVA und GT im Krieg.):
Direktive Nr. 1/85 des Ministers für Nationale Verteidigung über die Führung der Nationalen Volksarmee und der Grenztruppen der DDR im Krieg. In: Die Streitkräfte der DDR und Polens in der Operationsplanung des Warschauer Paktes. Im Auftrag des Militärgeschichtlichen Forschungsamtes herausgegeben von Rüdiger Wenzke. Potsdam 2010.
Direktive (Oberbefehlshaber):
Direktive der Regierungen der UdSSR, der USA, GB und Frankreichs an die vier Oberbefehlshaber der Besatzungstruppen in Deutschland vom 30. August 1948 (Auszug). In: Mitdank, Joachim. Berlin zwischen Ost und West. Erinnerungen eines Diplomaten. Berlin 2004 Dokument 9, Seite 266.
Dokumentation (Berlin, 1985):
Eine Dokumentation. Die Befreiung Berlins 1945. Zweite Auflage. Berlin 1985.
Dokumentation (Bundesregierung 1990):
Dokumentation zur Ostpolitik des Bundesregierung. Verträge, Vereinbarungen und Erklärungen. 13. Auflage Berlin 1990 Teil C Seite 107 bis 154.
Dokumentation (Westberlin, 1971):
Dokumentation. Die Westberlin-Frage. Dresden 1971.
Dokumente (Außenpolitik BRD, 1995):
Dokumente von 1949 bis 1994. Außenpolitik der BRD. Herausgegeben aus Anlaß des 125. Jubiläums des Auswärtigen Amtes. Köln 1995.
Dokumente (Außenpolitik DDR, 1954):
Dokumente zur Außenpolitik der Regierung der DDR, Band 1, Berlin 1954.
Dokumente (Berlin 1987):
Dokumente zur Berlin-Frage 1967 - 1986 Mit einem Vorwort des Regierenden Bürgermeisters von Berlin. Herausgegeben für das Forschungsinstitut der Deutschen Gesellschaft für Auswärtige Politik e.V. in Zusammenarbeit mit dem Senat von Berlin von Hans Heinrich Mahnke
Dokumente (DDR/BRD, 1990):
Beziehungen der DDR zur BRD und zu Berlin (West). Dokumente 1971 - 1988. Berlin 1990.
Dokumente (März, 1996):

Dokumente zu Deutschland. 1944 - 1994. März (Hrg.) München 1996.

Dokumente (DzD, 1996):
Dokumente zur Deutschlandpolitik II. Reihe/Band 2. Die Konstituierung der BRD und der DDR 7. September bis 31. Dezember 1949. *Veröffentlichte Dokumente* und *Unveröffentlichte Dokumente.* München 1996.

Dokumente (DzD, 1998):
Dokumente zur Deutschlandpolitik. Deutsche Einheit. Sonderedition aus den Akten des Bundeskanzleramtes 1989/90. München 1998.

Dokumente (DzD VI./1, 2002):
Dokumente zur Deutschlandpolitik. VI. Reihe/Band 1 21. Oktober 1969 bis 31. Dezember 1970. München 2002.

Dokumente (DzD VI/2 , 2004):
Dokumente zur Deutschlandpolitik. VI. Reihe /Band 2 1. Januar 1971 bis 31. Dezember 1972; Die Bahr-Kohl Gespräche 1970 - 1973. München 2004.

Dokumente (DzD VI/3, 2005):
Dokumente zur Deutschlandpolitik. VI. Reihe/ Band 3 1. Januar 1973 bis 31 Dezember 1974. München 2005.

Dokumente (DzD, VI/4 , 2007):
Dokumente zur Deutschlandpolitik. VI. Reihe/ Band 4 1. Januar 1975 bis 31. Dezember 1976. München 2007.

Dokumentensammlung (Beziehungen DDR/UdSSR, 1975):
Beziehungen DDR-UdSSR 1949 bis 1955, zwei Halbbände, Herausgeber: Ministerium für Auswärtige Angelegenheiten der DDR/Ministerium für Auswärtige Angelegenheiten der UdSSR. Berlin/ Moskau 1975.

Dokumentensammlung (Konferenzen, 1978):
Teheran. Jalta. Potsdam. Moskau 1978.

Ehrhardt, Heinz/Woythe, Willi/Mangold, Rudolf u.a. :
Die Völker-und staatsrechtlichen Grundfragen der Staatsgrenzen. Die Grenze zwischen der DDR und der BRD, zur Ostsee und um Westberlin und die politisch - operativen Aufgaben ihrer Sicherung. Forschungsarbeit, Potsdam 1975.

Einigungsvertrag (EV, 1990):
Vertrag zwischen der Deutschen Demokratischen Republik und der Bundesrepublik Deutschland über die Herstellung der Einheit Deutschlands vom 31. August 1990. In: GBL. I Nr. 64 Seite 1629. Gleichfalls in BGBL. II Nr. 35 Seite 889 oder Sonderdruck aus der Sammlung Das Deutsche Bundesrecht I A 5 Seite 11.

Emmerich, Klaus (Unverletzlichkeit der Staatsgrenzen, 1989):
Der Frieden und die Unverletzlichkeit der Staatsgrenzen. In: Die Erhaltung und Sicherung des Friedens die wichtigste Funktion des sozialistischen Staates in der Gegenwart. Symposium 14./15. Juni 1988. Materialien des Instituts für Theorie des Staates und des Rechts der Akademie der Wissenschaften der DDR. Berlin 1989 Seiten 107 bis 113.

Derselbe: (Juristische Zeitgeschichte, 1999): Für ein Forum zur juristischen
Zeitgeschichte. In: Humanistische Union, Mitteilungen Nr. 166 vom 01. Juni 1999 Seite 52.

Derselbe: CDU Lügenbolde. Wo verlief die Grenze zwischen DDR und BRD auf der Elbe? In: RotFuchs/August 2008 Seite 17.

Derselbe: (Grundgesetz 2010):In guter Verfassung? Warum das Grundgesetz auf den Prüfstand gehört. Berlin 2010.

Derselbe: "Westberlin war Eigentum der DDR, aber im Besitz der BRD". In: Bauer, Hans (Hrsg.) Grenzdienst war Friedensdienst. Berlin 2011 Seite 121 bis 149.

Entwurf (

Entwurf der Regierung der UdSSR für einen Friedensvertrag mit Deutschland vom 10. Januar 1959.In: Deutsche Außenpolitik Sonderheft I/1959.

Eppler, Erhard (Friedensfähigkeit, 1988):

Wie Feuer und Wasser. Sind Ost und West friedensfähig? Hamburg 1988.

Erklärung der Regierungen

Erklärung der Regierungen der Teilnehmerstaaten des Warschauer Vertrages vom 12. August 1961. In: Die Organisation des Warschauer Vertrages. Dokumente und Materialien 1955-1985. Dritte Auflage, Berlin 1985, Seiten 67 bis 69.

Falin, Valentin

Politische Erinnerungen München 1993

Faulenbach, Bernd

Zehn Jahre Auseinandersetzung über die doppelte Nachkriegsgeschichte und die Frage der inneren Einheit in Deutschland. In: Timmermann, Heiner (Herausgeber). Deutsche Fragen. Von der Teilung zur Einheit. Berlin 2001 Seite 647 bis 660.

Foitzik, Jan **(SMAD)**

Die Sowjetische Militäradministration in Deutschland. In: Inventar der Befehle des Obersten Chefs der Sowjetischen Militäradministration in Deutschland (SMAD) 1945-1949 - Offene Serie - Herausgeber: Institut für Zeitgeschichte, Texte und Materialien zur Zeitgeschichte, Band 8. München u.a. 1995 Seite 7 bis 57.

Derselbe (SMAD Struktur und Funktion, 1999):

Sowjetische Militäradministration in Deutschland 1945 - 1949. Struktur und Funktion. Berlin 1999.

Fortscher, Kurt/Krug, Wolfgang (Hrsg.)

Im Namen des Volkes Grenzer vor Gericht. Schkeuditz 2000.

Fricke, Hans (Schußwaffengebrauchsbestimmungen):

Der Dienst in einer Grenzkompanie und die Schußwaffengebrauchsbestimmungen. In: **Derselbe:** Davor - Dabei - Danach. Ein ehemaliger Kommandeur der Grenztruppen berichtet. Köln 1993.

Gesetz (Einigungsvertrag):

Gesetz zum Vertrag zwischen der DDR und der BRD über die Herstellung der Einheit Deutschlands - Einigungsvertrag vom 31. August 1990 (Verfassungsgesetz) vom 20. September 1990. In GBl. I 1990 Nr. 64 Seite 1627.

Gesetz (Überleitung):

Gesetz zur Überleitung von Bundesrecht nach Berlin (West) (Sechstes Überleitungsgesetz vom 25, September 1990. In: BGBl. I Seite 2106.

Gesetz (zum Vertrag 12. September 1990):

Gesetz zu dem Vertag vom 12. September 1990 über die abschließende Regelung in bezug auf Deutschland vom 11. Oktober 1990. In: BGBL. II 1990 Seite 1317.

Gesetz (Berlin/Bonn, 1991):

Gesetz zur Umsetzung des Beschlusses des Deutschen Bundestages vom 20. Juni 1991 zur Vollendung der Einheit Deutschlands (Berlin/Bonn-Gesetz) vom 26. April 1994. In: BGBL. 1994 Seite 918.

Geßner, Klaus

Befehle der Sowjetischen Militäradministration des Landes Brandenburg 1945-1949. Frankfurt a. M. 1997.

Görner, Gunter

DDR gewährleistet friedlichen Westberlin-Transit. Berlin 1969.

Grenzgesetz (Grenzgesetz, 1982):

Gesetz über die Staatsgrenze der DDR (Grenzgesetz) vom 25.März 1982. In: GBL I Nr.11,

Hanisch; Wilfried

Zur Entwicklung der Grenzschutzorgane in den Jahren 1949 - 1960. In: Baumgarten / Freitag (Herausgeber): Die Grenzen der DDR. Berlin 2004 Seite 104 bis 157.

Hartmann, Klaus

Gegen die Liquidierung des Antifaschismus. In. Freidenker 1/2005.

Hartmann, Ralph

Die Alleinschuld der DDR an der Mauer. In: Derselbe: Die DDR unterm Lügenberg, Hannover 2007 Seite 54 bis 66.

Hauptstadt

Hauptstadt. In: Dokumentation der Kommission von Bundestag und Bundesrat zur Modernisierung der bundesstaatlichen Ordnung. Herausgeber: Deutscher Bundestag Bundesrat Öffentlichkeitsarbeit. Zur Sache 1/2005 Seite 947 bis 956.

Heidelmeyer/Hindrichs (Herausgeber)

Dokumente zur Berlin-Frage 1944-1966. Berlin 1967.

Heinemann, Winfried

NVA-Pläne für eine „Berlin-Operation". In: Die Streitkräfte der DDR und Polens in der Operationsplanung des Warschauer Paktes. Im Auftrag des Militärgeschichtlichen Forschungsamtes herausgegeben von Rüdiger Wenzke. Potsdam 2010, Seiten 61 bis 70..

Heinen, Johannes

Rechtsgrundlagen Feldjägerdienst. Mit Erläuterungen des UZwG Einsatzgrundlagen im In- und Ausland. 7. Aufl. Walhalla 2004.

Held, Joachim

Verstöße der Regierung der DDR gegen den Viermächtestatus von Ost-Berlin. Materialien. Herausgegeben von der Stiftung Wissenschaft und Politik. Ebenhausen 1984.

Hertle/Januch/Kleßmann (Herausgeber)

Mauerbau und Mauerfall. Ursachen – Verlauf - Auswertung. Berlin 2002.

Innerdeutsche Grenze (

Die innerdeutsche Grenze. Herausgegeben vom Bundesministerium für innerdeutschen Beziehungen. Köln Mai 1987.

Ipsen, Kurt

Völkerrecht. München 1999.

Isensee, Josef (Vergangenheitsbewältigung

Vergangenheitsbewältigung durch Recht. Berlin 1992.

Derselbe/Kirchhof Handbuch des Staatsrechts der BRD. Band IX, § 202, Heidelberg 1997 Seite 97.

Isensee, Josef/Kirchhof, Paul (Handbuch Band IX, 1997):
Handbuch des Staatsrechts der BRD. Band IX. Die Einheit Deutschlands Festigung   und Untergang. Heidelberg 1997.

Jalta- Dokumente
Die Jalta-Dokumente. Roosevelt, Churchill und Stalin auf der Krimkonferenz im Februar 1945. Department of State USA. Ausgewählte Dokumente vom 17. Juli 1944 bis 3. Juni 1945. Deutsche Ausgabe. Leoni am Starnberger See 1987.

Kappe-Hardenberg, Siegfried (Herausgeber):
Die Jalta Dokumente. Rosevelt, Churchill und Stalin auf der Krimkonferenz im Februar 1945. Leoni 1987.

Keiderling, Gerhard (Berlin. 1970):
Berlin 1945-1968. Zur Geschichte der Hauptstadt der DDR und der selbständigen politischen Einheit Westberlin. Berlin 1970.

Derselbe (Berlin-Krise, 1982): Die Berlin-Krise 1948/49. Berlin 1982.

Derselbe (Berlin Schrifttum, 2001):
Die Periode 1961 - 1990 im Berlin-Schrifttum. In: Berlinische Monatsschrift Heft 6/2001 Seiten 205 bis 212.

Kissinger, Henry A (Memoiren, 1979):
Memoiren 1968 - 1973. Berlin 1979.

Derselbe (Berlin und Brand, 1979):
Berlin und Brandts Ostpolitik. In: Derselbe. Memoiren 1968 - 1973 Berlin 1979 Seite 437 bis 444.

Derselbe (Berlin-Verhandlungen, 1979):
Die Berlin-Verhandlungen. In: Derselbe. Memoiren 1968 - 1973. Seite 875 bis 885.

Klartexte
Beiträge zur Geschichtsdebatte: Herausgegeben von Ellen Brombacher; Thomas Hackert, Jürgen Herold, Friedrich Rabe und Werner Wüste. Berlin 2009.

Knobloch, Heinz
Westlinien unter Ostberlin, Berlin 1992

Konew, Iwan Stepanowitsch
Das Jahr fünfundvierzig. Vierte Auflage Berlin 1982.

Kontrollratsdirektive Nr. 42
Grenzübertritt deutscher Arbeiter und Angestellten, die in einer Zone wohnen und in einer anderen Zone beschäftigt sind vom 24.10.1946. In: Amtsblatt des Kontrollrats in Deutschland. Herausgegeben vom Alliierten Sekretariat. Berlin 31.10.46. S. 213.

Koptelzow, Walentin/Tultschinski, Dimitri
Berlin aus der Sicht der sowjetischen Politik. In: Langguth, Gerd (Herausgeber). Berlin: Vom Brennpunkt der Teilung zur Brücke der Einheit. Bonn 1990, Seite 387 bis 393.

Kröger, Herbert
Die Bedeutung des Potsdamer Abkommens für die Entwicklung des Völkerrechts und die Friedenssicherung in Europa. In: Graefrath (Herausgeber):   Probleme des

Völkerrechts (Beiträge). Berlin 1985, Seite 133bis 155.

Kröger, Herbert/Wünsche, Harry

Das Vierseitige Abkommen über Westberlin und der Kampf um seine strikte Durchführung und volle Anwendung. In: Dieselben. Friedliche Koexistenz und Völkerrecht. Berlin 1975 Seite 33.

Küsters, Hans Jürgen

Entscheidungen für die deutsche Einheit. Einführung in die Edition. In: Dokumente (DzD,1998): Dokumente zur Deutschlandpolitik. Deutsche Einheit. Sonderedition aus den Akten des Bundeskanzleramtes 1989/90. München 1998. Seite 21 bis 236.

Langguth, Gerd

Berlin: Vom Brennpunkt der Teilung zur Brücke der Einheit. Bonn 1990..

Liebig, Horst (Gefallende Grenzsoldaten)::

Sie fielen im Kalten Krieg. In: Baumgarten,/ Freitag (Herausgeber): Die Grenzen der DDR. Geschichte, Fakten, Hintergründe. Berlin 2004 Seite 296 bis 308.

LINKE und „Schießbefehl"

Wie steht DIE LINKE zum "Schießbefehl"? In: http://die - linke.de/Partei/geschichte/fragen-und_antworten_zur auseinandersetzung_...8.8.08.

Loth, Wilfried (Herausgeber). (**Deutsche Frage**, 1994):

Die deutsche Frage in der Nachkriegszeit. Berlin 1994.

Derselbe (Historiker und deutsche Frage, 1994):

Die Historiker und die deutsche Frage. In: Derselbe (Herausgeber). Die deutsche Frage in der Nachkriegszeit. Berlin 1994 S. 10 - 28.

Derselbe (Die Deutschen, 1994):

Die Deutschen und die deutsche Frage. In: Derselbe (Herausgeber). Die deutsche Frage in der Nachkriegszeit. Berlin 1994 S. 214 - 228.

Derselbe (Sowjetunion und deutsche Frage, 2007):

Die Sowjetunion und die deutsche Frage. Studien zur sowjetischen Deutschlandpolitik von Stalin bis Chruschtschow. Göttingen 2007.

Mehls, Hartmut/Mehls, Ellen

13. August. Dritte Auflage Illustrierte historische Hefte Berlin 1985.

Menzel, Eberhard (Herausgeber) (**Ostverträge**, 1971):

Ostverträge Berlin-Status-Münchener Abkommen, Beziehungen zwischen der BRD und der DDR. Vorträge und Diskussion eines Symposiums. Hamburg 1971.

Mitdank, Joachim (Berlin-Problem, 1995):

Das Berlin-Problem, der Kalte Krieg und das deutsch-deutsche Verhältnis. In: Nakath (Herausgeber): Deutschlandpolitiker der DDR erinnern sich. Berlin 1995 S.135 - 183.

Derselbe (DDR, 2008):

Die DDR zwischen Gründung, Aufstieg und Verkauf. Berlin 2008.

Momper, Walter

Grenzfall. Berlin im Brennpunkt deutscher Geschichte. München 1991.

Nakath, Detlef (Herausgeber):

Deutschlandpolitiker der DDR erinnern sich. Berlin 1995.

Niebling, Gerhard

Gegen das Verlassen der DDR, gegen Menschenhandel und Bandenkriminalität. In: Grimm u.a. (Herausgeber): Die Sicherheit. Zur Abwehrarbeit des MfS. Zweiter Band, Berlin 2002 Seite 161 bis 245.

Niemann, Heinz
Über total unterschiedlichen Umgang mit DDR-Geschichte. In: Heft 21 des Marxistischen Forums Januar/Februar 1999. Seite 30 bis 33.

Nolte, Ernst (Deutschland, 1985):
Deutschland und der Kalte Krieg. 2. Aufl. Stuttgart 1985.

Ott, Hermann
Die Staatspraxis an der DDR-Grenze und das Völkerrecht. Zugleich Anmerkung zum Urteil des BGH vom 03.11.1992-5 StR 370/92. In: Neue Justiz 1993 Seite 337.

Pätzold, Kurt/Weißbecker, Manfred (Hrg.)
Historische Schlagwörter. Köln/Leipzig o. D.

Paulsen, Werner
Westreisen. Zum Reiseverkehr von Bürgern der DDR nach NATO-Staaten und Berlin (West). Berlin 2011.

Potthoff, Heinrich
Bonn und Ost-Berlin 1969-1982. Dialog auf höchster Ebene und vertrauliche Kanäle Darstellung und Dokumente. Bonn 1997.

Pommerin, Reiner
Von Berlin nach Bonn. Die Alliierten, die Deutschen und die Hauptstadtfrage nach 1945. Köln/Wien 1989.

Prokop, Siegfried
Unternehmen "Chinese Wall. Zweite Auflage Frankfurt a. M. 1993.
Derselbe (Herausgeber)(Zeit der Utopie, 1994)
Die kurze Zeit der Utopie. Die "zweite DDR" im vergessenen Jahr 1989/90. Berlin 1994.

Protokoll (Londoner Protokoll, 2004):
Protokoll zwischen den Regierungen der Vereinigten Staaten von Amerika, des Vereinigten Königreiches und der Union der Sozialistischen Sowjetrepubliken über die Besatzungszonen in Deutschlands und die Verwaltung von Berlin vom 12. September 1944. In: Mitdank, Joachim. Englisch und deutsch. Dokument I, S.245 bis 248.

Protokoll (Londoner Protokoll, Berber 1967):
Protokoll zwischen den Vereinigten Staaten, Großbritannien und der Sowjetunion über die Besatzungszonen in Deutschland und die Verwaltung von Groß- Berlin.
In: Berber, Friedrich Völkerrecht Dokumentensammlung, Band II, München/Berlin 1967 XIII 203 Seiten 2266 bis 2268.

Protokoll (Einigungsvertrag, 1990):
Einigungsvertrag, Protokoll, Klarstellungen. DAS DEUTSCHE BUNDESRECHT 638. Lieferung. September 1990 Seite 35 bis 38.

Rauchig, Dietrich (Herausgeber)
Rechtsstellung Deutschlands, Berlin 1985.

Reibert (der) (Schusswaffengebrauch, 2007):
Schusswaffengebrauch (Wachdienst). In: Der Reibert. Das Handbuch für den

deutschen Soldaten. Hamburg/Berlin/Bonn 2007 Seite 69 bis 79.

Reintanz, Gerhard
Die Entstehung der Zoneneinteilung Deutschlands und die Sektoreneinteilung Berlins. In. Der deutsche Imperialismus und der Zweite Weltkrieg. Band 5 Berlin 1962 Seite 451 bis 472.

Renzikowski, Joachim
Zur Strafbarkeit des Schusswaffengebrauchs an der innerdeutschen Grenze. In: Neue Justiz 1992 Seite 152.

Richter, Wolfgang (Herausgeber):
Unfrieden in Deutschland. Diskriminierung in den neuen Bundesländern. Weißbuch. Band 1, Berlin 1992.

Roggemann, Herwig
Die strafrechtliche Aufarbeitung der DDR-Vergangenheit am Beispiel der "Mauerschützen" - und der Rechtsbeugungsverfahren. Eine Zwischenbilanz. In: Neue Justiz 1997 S. 226.Seite 29 bis 41.

Rott, Wilfried (Westberlin, 2009):
Die Insel. Eine Geschichte West-Berlins 1948 - 1990. München 2009.

Satjukow, Silke
Die Definition der Grenzen. Der Mauerbau 1961. In: **Dieselbe:** Die „Russen" in Deutschland 1945-1994. Göttingen 2008 Seiten 80 bis 83. Anmerkungen Seiten 186 bis 207 (Seite 343 f.).

Schaefgen, Christoph
Zehn Jahre Aufarbeitung des Staatsunrechts in der DDR. Christoph Schaefgen, Generalstaatsanwalt a.D., Leiter der Zentralstelle zur Unterstützung der historischen Aufarbeitung des DDR-Unrechts, In: Neue Justiz 2000 Seite 1 bis 5.

Schöneburg, Karl-Heinz (Herausgeber)
Errichtung des Arbeiter-und-Bauernstaates der DDR 1945 bis 1949. Berlin 1983. **Derselbe.** Die Gründung des sozialistischen Staates der DDR als Form der Diktatur des Proletariats. In: Staats- und Rechtsgeschichte DDR, 1983, Seite .270 bis 289.

Schreiben:
Schreiben des Leiters der Delegation der Deutschen Mark der Deutschen Notenbank DM-Ost) an den Leiter der Währungsgebiete der Deutschen Mark (DM-West) Berlin 4. Mai 1949. In: Mitdank, Jochim Berlin zwischen Ost und West. Erinnerungen eines Diplomaten. Berlin 2004, Dokument 12, Seite 269.

Schütz, Klaus
Logenplatz und Schleudersitz. Erinnerungen. Berlin/Frankfurt a M. 1992.

Schultke, Dietmar
Keiner kommt durch. Die Geschichte der innerdeutschen Grenze und der Berliner Mauer 1945 - 1990. Berlin 2008.

Schulz, Dieter
Blühende Landschaften. Zur Wiedervereinigungspolitik der Bundesregierung 1989/90. In: Prokop, Siegfried (Herausgeber). Die kurze Zeit der Utopie. Die zweite DDR im vergessenen Jahr 1989/90. Berlin 1994 Seite 55 bis 70.

Schunke, Joachim
13. August 1961 die Sicherung der Staatsgrenze. In: Baumgarten/Freitag (Herausgeber): Die Grenzen der DDR. Berlin 2004 Seite 158 bis 199.

Schwarze, Hanns Werner

Die DDR ist keine Zone mehr. Köln 1969.

Sechs Jahre Besatzungslasten

Sechs Jahre Besatzungslasten. Eine Untersuchung des Problems der Besatzungskosten in den drei Westzonen und in Westberlin 1945-1950. Institut für Besatzungsfragen Tübingen. Tübingen 1951.

SED (zur Grenzfrage 1951):

Die SED zur Grenzfrage. Beschluß des Parteivorstandes vom 19. September 1946. In: Dokumente der Sozialistischen Einheitspartei Deutschlands. Band 1, Berlin 1951 Seite 98 f.

Seidel, Karl (Normale Beziehungen):

Erste Schritte auf dem Weg zu normalen Beziehungen zwischen der DDR und der BRD. Persönliche Erinnerungen an die deutsch-deutschen Verhandlungen Anfang der siebziger Jahre. In: Nakath (Herausgeber): Deutschlandpolitiker der DDR erinnern sich. Berlin 1995 Seite 95 bis 134.

Derselbe (Grundlagenvertrag,)

Der Vertrag über die Grundlagen der Beziehungen. In: Derselbe. Berlin Bonner Balance, zwanzig Jahre deutsch-deutsche Beziehungen. Berlin 2002 Seiten 136 bis 170.

Seltsam (o. Vornamen),

Betreten verboten. Das süße Leben und die Mauer. Zur Erinnerung an den 1. Juli 1988, als in Berlin das "Kubat Dreieck" gestürmt und verlassen wurde. In: Tageszeitung junge Welt 01. Juli 2008 Seite 12.

Siegerjustiz? :

Siegerjustiz? Die politische Strafverfolgung infolge der Deutschen Einheit. Herausgegeben von der Gesellschaft zur rechtlichen und humanitärenUnterstützung e.V. Berlin 2003.

Sitzungsprotokolle (Magistrat, 1999):

Die Sitzungsprotokolle des Magistrats der Stadt Berlin 1945/46. Teil II 1946. Berlin 1999.

SMAD-Handbuch

SMAD-Handbuch. Die Sowjetische Militäradministration in Deutschland 1945 - 1949. Herausgegeben von Horst Möller (Institut für Zeitgeschichte München-Berlin) und Alexandr O. Tschubarjan (Institut für allgemeine Geschichte der Russischen Akademie der Wissenschaften in Zusammenarbeit mit Wladimir P. Koslow (Förderale Archivagentur), Sergei W. Mironienko (Staatsarchiv der Russischen Förderation) und Hartmut Weber (Bundesarchiv) München 2009.

Sperrmaßnahmen :

Die Sperrmaßnahmen der DDR vom Mai 1952. Die Sperrmaßnahmen der Sowjetzonenregierung an der Zonengrenze und um Westberlin. Faksimilierter Nachdruck des Weißbuches von 1953. Herausgeber: Bundesministerium für innerdeutsche Beziehungen, Mai 1987.

Steininger, Peter Alfons

Westberlin. Ein Handbuch zur Westberlin-Frage. Berlin 1959.

Stein, Ekkehart:

Deutschlands Rechtslage. Staatsrecht. Dritte Auflage Tübingen 1973 Seiten 114 bis 117.

Steininger, Rolf

Der Mauerbau. Die Westmächte und Adenauer in der Berlinkrise 1958 - 1963. München 2001.

Störenfried Westberlin (Äußerungen, 1962):

Sie sagen es selbst. Äußerungen westlicher Politiker und westliche Pressestimmen zur Rolle Westberlins als internationales Provokationszentrum. Herausgeber: Deutsches Institut für Zeitgeschichte. Berlin 1962.

Thomas, Siegfried

Der Kalte Krieg. Wie Deutschland gespalten wurde. In: Bock (Herausgeber) (Krieg oder Frieden, 1989) Seiten 501 bis 507.

Thoß, Hendrik

Gesichert in den Untergang. Die Geschichte der DDR-Westgrenze. Berlin 2004.

Übereinkommen:

Übereinkommen zur Regelung bestimmter Fragen in bezug auf Berlin vom 25. September 1990. (Zwischen der BRD, Frankreich, USA und Großbritannien („die drei Staaten"). In: BGBl. 1990 Teil II Seite 1274.

Uhl, Matthias/**Wagner,** Armin (Herausgeber) (Mauer, 2003):

Ulbricht, Chruschtschow und die Mauer. Eine Dokumentation München 2003.

Verdross, Alfred/Simma, Bruno

Universelles Völkerrecht, Theorie und Praxis. Dritte Auflage, Berlin 1984.

Vereinbarung (Gebietsaustausch, 1972):

Vereinbarung zwischen der Regierung der DDR und dem Senat vom 3. Juni 1972 über die Regelung der Frage von Enklaven durch Gebietsaustausch. In: GBl. Teil II Seite.358.

Vereinbarung (Gebietsaustausch Potsdamer Bahnhof, 1980):

Vereinbarung zwischen der Regierung der DDR und dem Senat über die Einbeziehung des Gebietes am ehemaligen Potsdamer Bahnhof in die Vereinbarung vom 20. Dezember 1971 über die Regelung der Frage von Enklaven durch Gebietsaustausch vom 21. Juli 1972. In: Völkerrecht Dokumente. Herausgegeben von der Arbeitsgemeinschaft für Völkerrecht beim Institut für Internationale Beziehungen an der Akademie für Staats- und Rechtswissenschaft der DDR. 2. Auflage Berlin 1980.

Verfassung der DDR (1949):

Verfassung der DDR vom 7. Oktober 1949, GBl. Jahrgang 1949 Nr. 1 Seite 5.

Verfassung der DDR (Verfassung, 1968):

Verfassung der DDR vom 6. April 1968 (GBl. I Seite 199).

Verfassung der DDR (Verfassung, 1974):

Verfassung der DDR vom 6. April 1968 in der Fassung des Gesetzes zur Ergänzung und Änderung der Verfassung der DDR vom 7. Oktober 1974 In: GBl. I, S. 432.

Verordnung (Maßnahmen an Demarkationslinie, 1952)

Verordnung über Maßnahmen an der Demarkationslinie zwischen der DDR und den westlichen Besatzungszonen Deutschlands. Vom 25. Mai 1952. In: GBL. Nr. 65 Seite 405.

Verordnung (Weitere Maßnahmen, 1952):

Verordnung über weitere Maßnahmen zum Schutz der DDR. Vom 9. Juni 1952. In:

GBL. Nr. 72 Seite 451.

Verordnung (Maßnahmen an Grenze, 1956):
Verordnung zur Erleichterung und Regelung von Maßnahmen an der Grenze zwischen der DDR und der Deutschen Bundesrepublik. Vom 3. Mai 1956. In: GBL. Nr. 45 Seite 385.

Verordnung (Kontrollen, 1990):
Verordnung zu den Abkommen vom 1. Juli 1990 zwischen der Regierung der BRD und der Regierung der DDR über die Aufhebung der Personenkontrollen an den innerdeutschen Grenzen. In: BGBl. Teil II 1990 Seite 570. Auch in: GBl. 1990 Teil I Seite 666.

Vertrag (Zwei plus Vier, 1990):
Vertrag zwischen der BRD, DDR, Frankreich, UdSSR, Großbritannien und USA vom 12. September 1990 über die abschließende Regelung in bezug auf Deutschland September 1990. In: BGBL. II 1990 Seite 1318 (deutsch, englisch, französisch, russisch).

Vierseitiges Abkommen (Viermächte Abkommen, 1973):
Vierseitiges Abkommen vom 03. September 1971. In: Verträge im Dienste der europäischen Sicherheit. Vom Moskauer bis zum Berliner Vertrag. Berlin 1973. Seiten 19 bis 30.

Vierseitiges (Schlußprotokoll, 1973):
Vierseitiges Schlußprotokoll vom 03. Juni 1972. In: Verträge im Dienste der europäischen Sicherheit. Vom Moskauer bis zum Berliner Vertrag. Berlin 1973. Seiten 30 bis 32.

Virally (Verwaltung Deutschlands, 1948):
Die internationale Verwaltung Deutschlands vom 8. Mai 1945 bis 24.April 1947. Baden-Baden 1948.

Völkerrecht (Dokumente Teil 1 bis 3, 1973):
Völkerrecht Dokumente, Teil 1 bis 3. Herausgegeben von der Arbeitsgemeinschaft für Völkerrecht beim Institut für Internationale Beziehungen an der Akademie für Staats- und Rechtswissenschaft der DDR. Berlin 1973.

Völkerrecht (Dokumente , Teil 1 bis 3, 1980):
Völkerrecht Dokumente. Herausgegeben von der Arbeitsgemeinschaft für Völkerrecht beim Institut für Internationale Beziehungen an der Akademie für Staats- und Rechtswissenschaft der DDR. 2. Aufl. Berlin 1980.

Völkerrecht (Berber I, Dokumentensammlung, 1967):
Völkerrecht. Dokumentensammlung. Band I Friedensrecht. Berber (Herausgeber). München /Berlin 1967.

Völkerrecht (Berber II, Dokumentensammlung, 1967):
Völkerrecht. Dokumentensammlung. Band II Konfliktrecht. Berber, (Herausgeber). München/Berlin 1967.

Völkerrecht (Herdegen, Völkerrecht, 2007):
Völkerrecht. Herdegen, Matthias. 6. Aufl. München 2007.

Waack, Christoph
Stadträume und Staatsgrenzen. Geteilte Grenzstädte des mittleren und östlichen Europa im Kontext lokaler Alltagswelten, nationalen Politik und supranationaler Anforderungen.

Beiträge zur regionalen Geographie. Leipzig 2000.

Wagner, Helmut :

Die territoriale Gliederung Deutschlands in Länder seit der Reichsgründung: Eine politologische Studie zur Raum, Ordnung. In: Studien zur territorialen Gliederung Deutschland im 19. und 20. Jahrhundert. o.O.1971.

Derselbe (Innerdeutsche Grenzen, 1990):

Die innerdeutschen Grenzen. In: Demandt (Herausgeber): Deutschlands Grenzen in der Geschichte. München 1990 Seiten 235 bis 276.

WestbBerlin

West - Berlin aus Wikipedia, der freien Enzyklopädie. In:
http://de.wikipedia.otg/Wiki/Westberlin, 21. August 2008 Seite 1 bis 8.

Wettig, Gerhard, (Rechtslage Berlins, 1974):

Die Rechtslage Berlins nach dem Viermächte-Abkommen aus sowjetischer Sicht. In: Deutschland Archiv 1974 Seite 378.

Wheeler, George S. (USA-Politik, 1958):

Die amerikanische Politik in Deutschland (1945 - 1950). Berlin 1958.

Winters, Peter Jochen (Berlin nach 1945, 1992):

Geschichte Berlins nach 1945. In: Berlin-Handbuch. Das Lexikon der Bundeshauptstadt. Berlin 1992.

Wyssozki, V.N.

Westberlin. Moskau 1974 (deutsch)

Zehn Thesen :

Zehn Thesen gegen Geschichtsklitterung. Zum „Gesamtkonzept zur Erinnerung an die Berliner Mauer: Dokumentation, Information und Gedenken" des Berliner Senats. Herausgeber: Gesellschaft zur Rechtlichen und Humanitären Unterstützung (GRH) e.V., März 2007.

Zieger, Gottfried (Rechtsstellung Berlins, 1975):

Die Rechtsstellung Berlins in den Europäischen Gemeinschaften. In: Recht im Dienst des Friedens. Festschrift für Eberhard Menzel zum 65. Geburtstag am 21. Januar 1976. Herausgegeben von Delbrück/Ipsen/Rauchning. Berlin 1975. Seiten 581 bis 605.

Derselbe: (Grenzgesetz 1983): Das neue Gesetz über die Staatsgrenze der DDR. In: Recht in Ost und West. Heft 1 1983. Seiten 1 bis 12.

Derselbe (Haltung SED, 1988):

Die Haltung der SED und der DDR zur Einheit Deutschlands 1949 - 1987. Köln 1988.

Zivier, Ernst Renatus (Berlin 1973):

Der Rechtsstatus des Landes Berlin. Eine Untersuchung nach dem Viermächte-Abkommen vom 3. September 1971. Berlin 1973.

Derselbe: (Berlin, 1977):

Der Rechtsstatus des Landes Berlin. Eine Untersuchung nach dem Viermächte-Abkommen vom 3. September 1971. Berlin. 1977.

Zur Frage der Grenzen (Frage der Grenzen, 1959):

Zur Frage der Grenzen. Gutachten des Ausschusses für Auswärtige Angelegenheiten der Volkskammer der DDR vom 9. Februar 1959 über den Entwurf der Regierung der UdSSR für einen Friedensvertrag mit Deutschland. In: Entwurf Friedensvertrag, 1959 Seiten 20 bis 23.

Abkürzungsverzeichnis

AO	Anordnung
ADN	Allgemeiner Deutscher Nachrichtendienst (der DDR)
BEWAG	Berliner Elektrizitätswerke
BGBl.	Bundesgesetzblatt der BRD
Bulletin	Bulletin des Presse- und Informationsamtes der Bundesregierung
BZ	Besatzungszone(n) in Deutschland
DL	Demarkationslinie
DVO	Durchführungsverordnung
DVP	Deutsche Volkspolizei
DzD	Dokumente zur Deutschlandpolitik
EV	Einigungsvertrag DDR/BRD 1990
GBL.	Gesetzblatt der DDR
GSSD	Gruppe der Sowjetischen Streitkräfte in Deutschland
HVDVP	Hauptverwaltung Deutsche Volkspolizei
KPP	Kontrollpassierpunkt(e)
KSZE	Konferenz für Sicherheit und Zusammenarbeit in Europa
NVA	Nationale Volksarmee
RGBL.	Reichsgesetzblatt
SMAD	Sowjetische Militäradministration in Deutschland
VO	Verordnung
VP	Volkspolizei
Zwei plus Vier	Vertrag über die abschließende Regelung in Bezug auf Deutschland vom 12. September 1990

Bildnachweis:

AERO bilddesign Andre Emmerich, Storkow ;
Privatarchiv Oberstleutnant a.D. Günter Ganßauge Berlin;
Privatarchiv Oberst a. D. Heinz Geschke, Berlin;
Bildarchiv der Tageszeitung der „jungen Welt".